水手工艺 立体化

（第二版）

喻炳良　卢建禄 编
刘一凡 审

大连海事大学出版社
DALIAN MARITIME UNIVERSITY PRESS

ⓒ 喻炳良　卢建禄 **2023**

图书在版编目(CIP)数据

水手工艺 / 喻炳良，卢建禄编. — 2 版. — 大连：
大连海事大学出版社，2023.12(2025.8 重印)
ISBN 978-7-5632-4475-1

Ⅰ. ①水… Ⅱ. ①喻… ②卢… Ⅲ. ①船员—业务—
教材 Ⅳ. ①U676.2

中国国家版本馆 CIP 数据核字(2023)第 216513 号

大连海事大学出版社出版

地址:大连市黄浦路523号 邮编:116026 电话:0411-84729665(营销部) 84729480(总编室)
http://press.dlmu.edu.cn E-mail:dmupress@ dlmu.edu.cn

大连永盛印业有限公司印装　　　　　　大连海事大学出版社发行

2021 年 12 月第 1 版　2023 年 12 月第 2 版　2025 年 8 月第 3 次印刷
幅面尺寸:184 mm×260 mm　　　　　　　　　　　印张:9.75
字数:237 千　　　　　　　　　　　　　　　　印数:5001~6000 册

出版人:余锡荣

责任编辑:张　华　　　　　　　　　　　责任校对:任芳芳
封面设计:张爱妮　　　　　　　　　　　版式设计:张爱妮

ISBN 978-7-5632-4475-1　　定价:29.00 元

第二版前言

进入 21 世纪后,随着航运业的蓬勃发展和科学技术的不断进步,船舶知识和设备也在不断更新和变化。为了更好地履行 STCW 78/95 公约和修正案以及《中华人民共和国海船船员适任考试、评估和发证规则》的有关规定和要求,我们必须以党的二十大精神为引领,深切领会"实施科教兴国战略,强化现代化人才建设支撑"的重要指示,更好地培养为新时代中国特色社会主义建设事业服务的,符合公约要求和现代船舶发展所需的德才兼备的高素质人才。因此,在原有的教材已不能适应船舶日益发展对船员更高素质要求的情况下,只有及时推陈出新,才能跟上航运发展的步伐和节奏。

在党的二十大强调"深入实施人才强国战略"的大背景下,适应新时代教育领域的创新和变化,满足新时代教师和学生在教学方面的互动要求以及学生对专业知识快速直观了解的愿望,使得编写新教材的紧迫性更加突出。

本教材以中华人民共和国交通运输部海事局对航海专业人员在"水手工艺"这一专业基础课的了解和掌握方面所做的具体评估内容和评价标准为主导,以"水手应知应会"的专业知识点为主线,注重实践教学环节,增加更为直观易懂的图片;同时紧跟时代步伐,充分利用信息化手段对一些关键操作提供视频教学,让学生可以通过扫描二维码观看视频,及时掌握当今航海技术发展的新知识和新技能,以求学员能在较短的时间内重点掌握履约内容,也相应满足学员在实习和工作初期对"水手工艺"这一专业知识的需求。

扫码学习《深入学习贯彻党的二十大精神　加快建设交通强国　当好中国式现代化开路先锋》

第一版前言

进入 21 世纪后,随着航运业的蓬勃发展和科学技术的不断进步,船舶知识和设备也在不断更新和变化。为了更好地履行 STCW 78/95 公约和修正案以及《中华人民共和国海船船员适任考试、评估和发证规则》的有关规定和要求,更好地培养符合公约要求和现代船舶发展所需的合格人才,原有的教材已不能适应船舶日益发展对船员更高素质的要求。只有及时推陈出新,才能跟上航运发展的步伐和节奏。

为了满足新时代教师和学生在教学方面的互动要求以及学生对专业知识快速直观了解的愿望,为了适应新时代教育领域的创新和变化,编写新教材的紧迫性也更加突出。

本教材按照海事局对航海专业人员在"水手工艺"这一专业基础课的了解和掌握方面所做的具体评估内容和评价标准为主导,以"水手应知应会"专业知识点为主线,注重实践教学环节,增加更为直观易懂的图片;同时紧跟时代步伐,充分利用信息化手段对一些关键操作提供视频教学,让学生可以通过扫描二维码观看视频,及时反映当今航海技术发展的新知识和新技能,以求学员能在较短的时间内重点掌握履约内容,也相应满足学员在实习和工作初期对"水手工艺"这一专业知识的需求。

编者的话

本教材根据《STCW 78/95 公约》和修正案以及《中华人民共和国海船船员适任考试、评估和发证规则》的有关规定和中华人民共和国海事局对"水手工艺"的评估要求而编写。

本教材共有六章,内容包括:概述,船用缆绳、索具与滑车,缆绳的编插工艺,水手值班工作,系离泊作业和船体保养。其中,第一章、第二章和第三章由集美大学喻炳良编,第四章、第五章和第六章由集美大学卢建禄编。本教材由集美大学刘一凡审。本教材的内容涵盖了"水手适任培训纲要"中"水手工艺技能训练"的全部要求,突出了以能力为本位的航海教育特点,注重理论与实操相结合的教学模式。本次教材的再版在原有基础上进一步补充和完善了图片和视频,力求与时代同步,让教学变得更为直观和立体,并引用了国内外更多有价值的宝贵资料和经验。

本教材实用明了、通俗易懂,可作为高等院校航海技术专业使用的教材,也可作为相关船、岸人员的参考书。

本教材在编写和出版过程中,得到了集美大学航海学院各位领导的关心和支持,特致谢意。

限于编者水平,教材中难免有不足之处,敬请各位专家和同人批评指正。

编　者
2023 年 9 月

目　录

第一章

概述

　　水手工艺作为一门独立的课程,是航海院校航海技术专业必修的专业基础课程。它既是船艺理论的具体实践,具有很强的实践性,又是保证船舶安全生产和延长船舶及其设备的使用年限所不可缺少的课程。学生在船舶上首先面临的是水手工艺的具体应用,如船舶系泊作业、船体保养工作、水手值班工作以及船用缆绳与索具的基本知识等。对这些专业知识的熟练掌握,是学生适应船舶工作的第一步。因此,组织好水手工艺的教学,提高教学质量,是提高学生适应船舶工作能力的关键。

　　航海院校培养的是航海技术人才,水手工艺是水手应该熟练掌握的基本内容。然而,在校学生往往轻视该课程,缺乏必要的认识。其结果是学生毕业后在船上难以胜任"第一步"工作,即水手"应知应会"的工作,不利于毕业见习工作的顺利开展,影响了正常升职。据调查,大约80%的毕业生在初次上船时往往感到压力较大,实际操作能力不强,适应船舶工作的能力较差。从这些现象中不难看出,学生在校学习时对水手工艺课程需进一步重视。

　　水手工艺教学是通过具体实践的形式来实现的。但是,旧的教学模式脱离了船舶的具体实践,其形式往往是一种简单的模拟,在进行船舶的实际操作时,学生就显得很不适应。从毕业生反馈的情况来看,大多数毕业生的实际操作能力不强,说明在教学过程中实践环节还比较薄弱。这种重理论、轻实践教学模式的主要特点为:一是在陆上所进行的教学受到地点、设备的影响,实践形式脱离船舶,不具备真实性,学生不容易掌握。二是船舶现场教学力度不够,未能充分发挥船舶的有效作用,学生的实际操作能力得不到应有的提高。三是实操训练课时偏少,难以保证学生有足够的时间进行实际操作的练习。因此,水手工艺的教学应注重对学生实践能力的培养。社会主义核心价值观的生命在于实践,伟力也藏于其中,惟孜孜体认、不懈躬行,其才能于人人践行的良好风气中勃发。具体实践中,要保证在船舶上进行现场教学的教学质量,以确保学生在船舶上进行"顶真"的实际操作训练,培养学生的实际操作能力,保证学生的学习质量。

　　学生通过该课程的学习,能熟练掌握船舶各种甲板设备的操作规程,熟练掌握船体保养的基本方法,以及了解和掌握水手工作技能是其适应船舶工作的基本条件。因此,我们必须更新观念,提高对水手工艺重要性的认识,并且要采取切实可行的措施,提高课程的教学质量。

　　首先是教师的观念更新。党的二十大报告指出:青年强,则国强。广大青年学生要坚定不移听党话、跟党走,怀抱梦想又脚踏实地,立志做有理想、敢担当、能吃苦、肯奋斗的时代好青年。教学中,教师是教学的主导,应该从过去旧的教学模式中摆脱出来,重新明确水手工艺课程的基础地位,精心组织和优化课程的教学内容,培养学生的实际操作能力,以增强学生适应船舶工作的信心。其次是提高学生对该课程重要性的认识。学生是学习的主体,只有提高学生的思想认识,才能激发他们学习的积极性,才能提高他们的实际操作水平,并为适应船舶工作打下坚实的基础。同时适当增加该课程的课时,以保证学生有足够的时间进行实操练习,并达到一定的熟练程度;还要建立严格的实操考核制度,以保证本课程的教学质量。用人单位在面试时可以适当增加一些基本技能测试的项目,在一定程度上可以进一步提高学生学习的积极性,对提高本课程教学质量也具有重要意义。

水手工艺的教学往往受到场所和设备的限制,陆地上的教学仅仅是一种简单的模拟形式,这种形式往往不具有真实性,学生很难掌握各实操项目的要领。为了提高课程教学质量,可以采取以下必要的措施:

(1)"岸上学",即充分利用陆地上的教学设备。实验室配备的教学设备是为了保证教学的顺利进行,也是为学生上船实习做充分准备,同时是实践环节的第一步。因此,必须充分利用现有的教学设备,培养学生的基本技能,做好上船实习前的第一步工作。

(2)"船上用",即利用船舶进行现场教学。通过多年的教学实践和经验,利用船舶进行现场教学是一种切实可行的教学方法。如在陆上无法进行教学的系泊作业、船体保养等实操项目,如果在船上教学与应用并行,既直观又形象,学生还易学易懂,有利于学生实际操作能力的提高。

(3)"毕业练",即毕业前对学生基本技能的强化训练。在校期间,学生经过一系列的实操训练,基本掌握了各项实操技能,但是经过一段时间就会慢慢生疏。因此,在学生毕业前对其进行基本技能的强化训练是十分必要的,这有利于学生对基本技能的巩固,保证其毕业后能尽快适应船舶工作。通过"岸上学、船上用、毕业练"这种方法,可以有力地确保水手工艺课程的教学质量,也可以提高学生适应船舶工作的能力。

教材建设也是教学工作中的基础工程,是提高教学水平与教学质量的根本保证。应及时更新修订过时的教材,及时调整教材内容。随着船舶科技的不断发展,船舶的各种甲板设备也不断有新的产品出现。因此,应对现有教材中一些内容进行更新,对教材中的部分陈旧内容予以删除,补充一些与现代船舶相适应的新内容,并在教学实践中接受检验,不断提高教材的质量。同时在教学过程中精心组织和优化教学内容,使教材更趋合理化,教学更具适应性。

在教学过程中,应结合实操指导书,对重点内容进行精准规范的把控,使各实操项目的操作更简单明了,效果更良好,这对提高学生的实际操作能力也将起到重要作用。

综上所述,水手工艺课程的好坏将直接影响航海专业学生能否尽快适应船舶的初期工作,关系到学生的就业信心和升职速度。因此,确保水手工艺教材质量和水手工艺教学水平,对提高学生的实际操作能力和提高毕业生的质量尤为重要。

第二章

船用缆绳、索具与滑车

缆绳、索具与滑车在船上用途很广,正确使用和妥善保养,对生产安全和生产效益有重大意义,是航海技术人员必须掌握的专业技能之一。本章着重介绍船舶常用缆绳、索具与滑车的使用、保养等知识。

第一节　船用缆绳的基本知识

一、缆绳的种类

为了工作上的便利,船上通常将粗大的绳索称为缆,如首缆、尾缆、拖缆等;较小的绳索叫作绳,如撇缆绳、旗绳、架板绳、测深绳等;把规定长度的专用绳索称为索,如吊艇索、吊货索等。

缆绳按其使用状态不同,可分为动索和静索两大类。动索是指经常用于动态下的绳索,如系泊用的带缆和起货用的吊货索;而静索是指用于固定牵绑的绳索,如稳定大桅和烟囱的支索等。

按照制作材料不同,缆绳又分为植物纤维绳、化学纤维绳和钢丝绳三大类,如图 2-1-1 所示。

(a) 植物纤维绳　　(b) 化学纤维绳　　(c) 钢丝绳

图 2-1-1　不同材料制作的缆绳

不同材料制作的缆绳具有各自不同的特点,船上工作人员根据缆绳的不同特点进行较合理的使用和保养,对其使用寿命和生产安全都有重大影响。下面分别介绍各类缆绳的用途和特点。

(一)植物纤维绳

植物纤维绳是用剑麻、苎麻和棉花等植物纤维制成的,一般采用三股拧绞方法搓制,特点是柔软、质轻,便于使用和搬运,但强度较差。船舶常用的植物纤维绳有白棕绳、棉麻绳、油麻绳等,其按不同的搓制方法分为拧绞绳和编织两种。

1. 白棕绳

白棕绳是用剑麻、龙舌兰或野芭蕉叶等纤维制成的,质料好的纤维较长、粗细均匀,呈乳白色,一般为浅黄色。其特点是柔软、质轻,有较大的强度;在水中不会浸透,有一定的浮力和弹性。

白棕绳在船上用途很广,通常大直径的白棕绳用作拖缆或带缆,小直径的白棕绳用作架板绳、上高绳、调整稳索和捆绑绳等。

2. 棉麻绳

棉麻绳是用经过防腐处理的棉、麻纤维混合制成的。棉麻纤维须单独搓制,然后混合编织;也有一开始就混合搓制,然后编织的。其质优而轻,使用时不容易扭结,但是强度较小,船上多用作旗绳和测深绳等。

3. 油麻绳

油麻绳一般用浸过焦油的粗麻纤维制成。因含有油分,其不易吸水、腐烂,但浸过焦油后绳质变脆、弹性减小,且重量增加,在寒冷的天气中容易变硬,使用不便,船上大多作包缠用。

(二)化学纤维绳

化学纤维绳简称化纤绳,是由石油制品或其他矿物经过化学处理产生蛛丝状、棉丝状、片状等化学合成纤维,再由机器搓制成的绳。其特点是柔软、耐用、不受潮湿影响,且质轻、搬运方便,比同直径的白棕绳轻 1/4,但抗拉力却比白棕绳大 3 倍以上,其伸长率可达 20% ~ 40%,但拉伸长度超过 10% 就不能复原。化纤绳在严寒地区使用时柔软度会下降。

化学纤维绳按搓制方法不同,可分为拧绞绳、编织绳、编绞绳三种;按化学成分不同,可分为尼龙绳、维尼纶绳、涤纶绳、乙纶绳、丙纶绳等。

1. 尼龙绳

尼龙绳是用聚酰胺纤维制成的。其纤维种类和绳的品种很多,用途也很广。其特点是强度大、质轻、柔软、有较大的弹性,长期使用不容易疲劳,有较强的耐化学药品性;遇油不发生化学反应,但怕火,不耐磨,受力时会伸长。尼龙绳表面受摩擦后会逐渐起毛,但对其强度影响不大,起毛的粗糙层对其内部能起保护作用,延长缆绳的使用寿命。尼龙绳的吸湿性仅次于维尼纶绳,入水后重量会增加,但不影响操作。尼龙绳摩擦后会产生静电,易吸附尘埃;暴晒过久将变黄老化,强度下降。

2. 维尼纶绳

维尼纶绳是用聚乙烯醇缩甲醛纤维制成的。其纤维组织像棉花,质地柔软,伸长率比植物纤维绳大,耐磨、耐低温、耐盐类溶液及油类,对紫外线的抵抗能力是化纤绳中最强的,即使长期暴晒也不老化,强度不会下降。其熔点虽然较高,但当温度高达 230 ℃时,熔化与燃烧将同时发生。绞缆时,其长时间强烈摩擦就会出现焦黑黏合现象;其回弹性较差,遇高温或拉长后会产生缩短或伸长变形。吸湿性是聚烯纤维中最高的,也是化纤绳中较高的,缆绳一旦入水则重量就会显著增加。

3. 涤纶绳

涤纶绳是由聚对苯二甲酸乙二酯纤维制成的,是化纤绳中比较耐高温的品种,且耐酸碱性、耐腐蚀性、耐气候性较好,适用于高负荷的连续摩擦,故用作拖缆较为合适。

4. 乙纶绳

乙纶绳是由聚乙烯纤维制成的。其特点是耐低温、耐化学药品,吸水性差,能浮于水面,在水中仍能保持各种性能,适用于水上应用。其缺点是不耐高温。接触乙纶绳时,其触感和白棕绳相似。

5. 丙纶绳

丙纶绳是由聚丙烯纤维制成的,是目前最轻的缆绳,且柔软性、吸水性小;不怕油类及化学药品的腐蚀;不易吸灰尘,是化纤绳中比较耐脏的品种;在滚筒和缆桩上不易滑动,在反复卷曲的情况下,对其强度影响也不大;操作轻便,但伸长率不大,回弹性较小。

(三)钢丝绳

钢丝绳是由若干统长钢丝制成的,具有经久耐用、体积小、强度比同直径的纤维绳大等特点。但是,钢丝绳保养不当容易生锈;绳质僵硬,受外力扭曲变形后容易发生绞缠。

钢丝绳根据钢丝的粗细和油麻芯的分布情况,分为硬钢丝绳、半硬钢丝绳和软钢丝绳。其结构标记用数字表示,例如"绳 6×19",表示该绳有 6 股,每股有 19 根钢丝;"股 1+6+12",表示每股结构的中心为 1 丝,第二层为 6 丝,最外层为 12 丝,也可写成"6(1+6+12)"。钢丝绳的抗拉强度可根据单根钢丝的强度进行推算。

1. 硬钢丝绳

硬钢丝绳是由 7 股粗钢丝或 6 股粗钢丝中间夹 1 股油麻芯制成的。其特点是丝数较少,在钢丝绳中最坚硬、强度最大,但使用不便。其在船上常用作静索,如桅杆、烟囱的支索。常用的型号有 7×7、7×19 等。

2. 半硬钢丝绳

半硬钢丝绳是由 6 股钢丝中间夹 1 股油麻芯制成的。其特点是钢丝一般较细,丝数较多,较柔软。油麻芯可注油防锈,钢丝绳受力时能起到缓冲作用、减少内摩擦、增加钢丝绳柔软度等作用。其在船上常用作动索,如吊货索、吊艇索、辘绳等,也可用作静索。常用的型号有 6×7、6×19、6×37、6×61 等。

3. 软钢丝绳

软钢丝绳是由 6 股钢丝中间夹 1 股油麻芯,且各股钢丝中间也都夹着油麻芯制成的。其特点是柔软,重量较轻,使用方便,比半硬钢丝绳更便于维护保养,但在同直径的钢丝绳中强度最小。其在船上常用作牵引索、辘绳和绑扎绳等,常用的型号有 6×12、6×24、6×30 等。

二、缆绳的制作方法

船用缆绳可根据不同的材质和需求采用不同的搓制方法。

(一)拧绞绳

以拧绞方法搓制的缆绳称为拧绞绳,如常见的白棕绳和钢丝绳等。

1.纤维绳的拧绞搓制法

纤维绳的拧绞搓制是先把纤维丝或薄膜片搓成索条,再由若干索条搓成股,然后将若干股搓成绳,各道工序之间的搓向应相反。搓制时搓得紧的股距短,称为硬搓绳;搓得松则股距长,称为软搓绳。硬搓绳绳质较僵硬、弹性大,但抗拉力、吸水性较小;软搓绳反之。由3股搓成的称为三股绳,4股搓成的称为四股绳;绳股走向为"S"形的称为左搓绳,如图2-1-2(a)所示;绳股走向呈"Z"形的称为右搓绳,如图2-1-2(b)所示。常用的纤维绳为三股右搓绳。

(a)左搓绳　　　　(b)右搓绳

图2-1-2　绳股走向

2.钢丝绳的制法

钢丝绳是将若干统长钢丝搓制成股,再由股搓成绳,两道工序的搓向相反。常用的钢丝绳多为6股右搓绳,其结构如图2-1-3所示。

图2-1-3　钢丝绳结构图

拧绞绳在使用中容易发生扭结,受力后会回转,导致各部分受力不均,受力过大部分易损伤,使强度下降,因而影响缆绳的使用寿命。

(二)编织绳

采用编织方法制成的绳索称为编织绳,先将棉麻纤维或化学纤维制成细索条,再用编织方法制成绳索,编织绳中间是 1 缕或多缕绳芯,绳芯外面包裹着由 8 股、12 股……52 股编织成的一层或两层绳网,如图 2-1-4 所示。其特点是柔软性好,不扭结、不回转、缩水性小;但因绳子内外层受力后互不牵扯,拉力不易平衡,故强度不高,且绳子损伤多集中在外层,以致容易破断。其在船上常用作旗绳、救生绳和测深绳等。

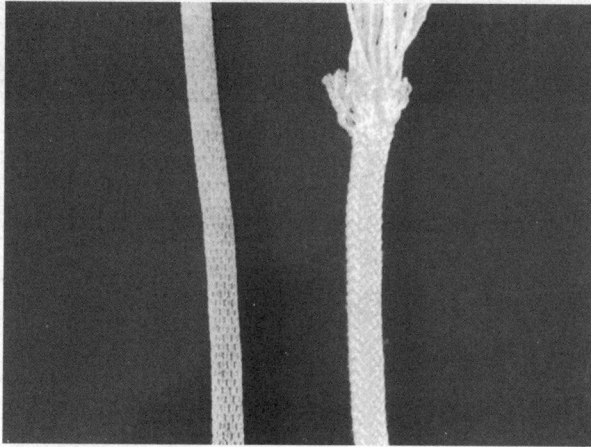

图 2-1-4 编织绳

(三)编绞绳

由 8 根拧绞的绳股分成 4 组,每组都两股平行,其中两组为右搓绳,两组为左搓绳,相对交叉编绞制成的称为编绞绳。船上使用的化纤编绞绳又称为八股编绞绳,如图 2-1-5 所示。此外,还有大直径的缆绳,是由每组平行的 3 股编绞制成的十二股编绞缆,如图 2-1-6 所示。

图 2-1-5 八股编绞绳

图 2-1-6　十二股编绞缆

　　编绞绳各组的旋绕螺距较大,与纵向受力相适应;在交叉处内股具有缓冲作用,能抵抗突然冲击力,保证了应有的强度,交叉的 4 组相互抑制,出现自然平衡,即使受力也能保持原来的结构,不会出现扭结,也不会发生回转。使用时,无论是在缆桩上还是在绞车上,其均能平整排列,同时可以左右方向盘放,操作方便。

三、缆绳的量法、长度和质量

(一)缆绳的量法

1. 直径表示法

　　船用缆绳的大小常用其直径来表示,单位为毫米(mm)。量取直径时,应量取缆绳的最大直径。钢丝绳直径的量法如图 2-1-7 所示。

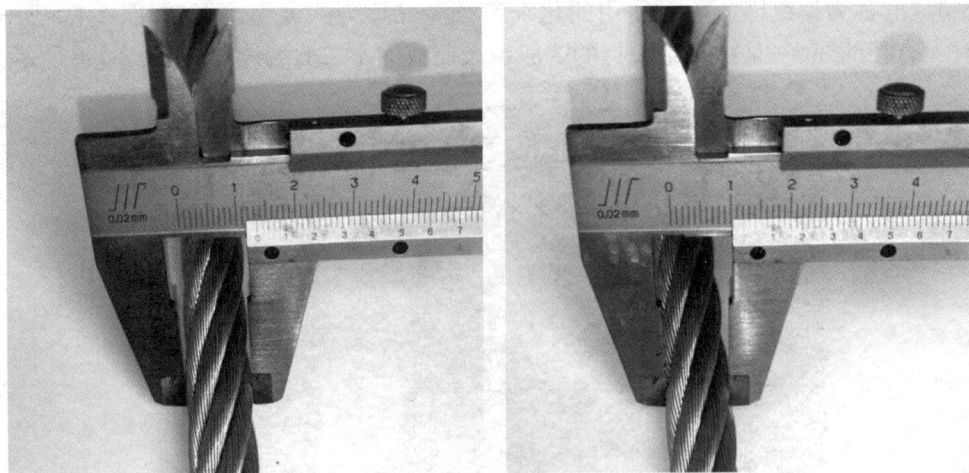

(a)正确的量法　　　　　　　　　　　　(b)错误的量法

图 2-1-7　钢丝绳直径的量法

2. 周长表示法

　　船上也习惯用缆绳的周长来表示其大小,单位为英寸(1 in＝25.4 mm)。如周长为 2 in 的钢丝绳,称为 2 in 钢丝绳;周长为 3 in 的白棕绳,称为 3 in 白棕绳。

3. 直径与周长的换算公式

在实际工作中,有时需要同时了解缆绳的直径和周长(即公制、英制单位表示法),则可用下列公式进行粗略换算,注意式中直径和周长的单位不同。

$$C/D \approx 1/8$$

式中:C——周长(in);

$\quad D$——直径(mm)。

(二)缆绳的长度

缆绳的长度是指整捆新绳的长度,有公制和英制两种。

1. 纤维绳

(1)公制:1 捆 = 200 m,或 210 m。

(2)英制:1 捆 = 120 拓,约 720 英尺(ft),相当于 220 m。

2. 钢丝绳

(1)公制:1 捆 = 500 m,或 210 m。

(2)英制:1 捆 = 120 拓,相当于 220 m。

(三)缆绳的质量

1. 纤维绳的质量是以每捆 200 m 的质量来计算的

白棕绳每捆绳子的质量计算公式为:

$$W \approx 0.141D^2$$

式中:D——直径(mm);

$\quad W$——质量(kg)。

化纤绳每捆绳子的质量计算公式为:

$$W \approx 0.121D^2$$

式中:D——直径(mm);

$\quad W$——质量(kg)。

2. 钢丝绳的质量是以每米的质量来计算的。

$$软钢丝绳:W \approx 0.0030D^2$$
$$半硬钢丝绳:W \approx 0.0035D^2$$
$$硬钢丝绳:W \approx 0.0045D^2$$

式中:D——直径(mm);

$\quad W$——质量(kg)。

四、缆绳的强度

在实际工作中,必须掌握缆绳的使用强度以确保生产安全,避免发生缆绳断裂事故。

(一)缆绳的强度

1. 破断强度

破断强度是指缆绳在拉力试验机上逐渐增大受力,直到断裂时所承受的最大拉力。

2. 试验强度

试验强度是指在进行产品检验时所采用的缆绳强度标准,一般取其破断强度的1/2。

3. 工作强度

工作强度,即缆绳的安全使用强度(又称为安全强度)。一般情况下,安全系数取6,即安全强度为破断强度的1/6,计算公式如下:

$$工作强度 = \frac{破断强度}{安全系数}$$

(二)安全系数的选择

1. 纤维绳

(1)支索、千斤索,安全系数取3;

(2)带缆、拖缆,安全系数取6;

(3)稳索、辘绳,安全系数取7;

(4)吊艇索,安全系数取8。

2. 钢丝绳

(1)支索、千斤索,安全系数取5;

(2)吊货索,安全系数取6;

(3)带缆,安全系数取6~8;

(4)吊艇索,安全系数取8;

(5)拖缆,安全系数取8~10。

(三)各种情况下缆绳强度的衰变情况

1. 纤维绳

(1)新绳在库存2~3年后,强度下降30%左右;

(2)绳索打结后,强度下降20%~50%;

(3)绳索插接后,强度约下降10%;

(4)化纤绳露天暴晒一年后,纤维老化,强度下降10%~15%;

(5)受潮后的纤维绳强度下降情况:白棕绳约下降25%,化纤绳下降5%~10%;

(6)突然受力,强烈振动,或通过曲率小于缆绳直径6倍的滚筒时,强度应降低50%使用。

2. 钢丝绳

(1)短插接后,钢丝绳强度下降10%~25%;

(2)钢丝绳嵌心环插环接后,强度下降15%~20%;

(3)钢丝绳出现扭结,经消除后强度约下降20%;

(4)钢丝绳出现生锈,但尚无断丝出现,强度约下降30%;

(5)旧钢丝绳索股变形或绳芯外露、干枯,强度约下降30%;

（6）钢丝绳在使用中，因急顿而受伤，应降低使用强度的50%；

（7）处于突然受力或急速升降（45 m/min）的钢丝绳，应降低使用强度的50%；

（8）镀锌钢丝绳因钢丝经过镀锌处理，强度约下降10%。

五、缆绳的使用、检查和保养

（一）植物纤维绳

（1）启用新绳时要注意产品的出厂日期，仔细检查缆绳的颜色和气味，新的白棕绳内外纤维应呈浅黄色、色泽鲜艳，无异味，外表平整光滑。

（2）打开新绳捆可按下述方法进行，以免绞缠、扭结。

①细绳捆可将其内外绳头所在的一面朝下，平放在甲板上，去除捆扎的索条后，将捆内的绳从捆中的圈孔里向上抽出，边抽边将绳子适当延伸，并按顺时针方向盘放整齐，如图2-1-8所示。

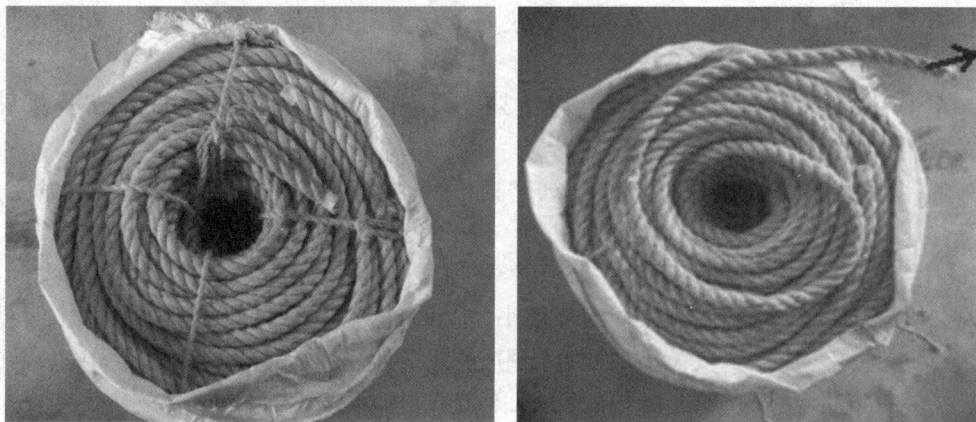

图2-1-8　纤维绳新绳捆解开方法

②较粗大的绳索，可将绳捆内外绳头所在的一面朝上，放置在转架上；将转架吊离甲板，去除捆扎的小绳，即可拉动捆外的绳头，随着转架的转动将绳捆解开；边拉边将解开的绳子适当延伸，再按顺时针方向盘放整齐。

（3）纤维绳使用时应尽量避免磨损，经常摩擦或通过导缆器和码头边缘的绳段，可用帆布或麻袋包扎或垫上旧轮胎等。

（4）应经常对纤维绳进行检查，发现磨损、腐烂等现象时，应立即加以更换，以免发生事故。

（5）要防止纤维绳接触酸、碱、盐等化学物品，以免纤维腐蚀变硬，强度下降，减少使用年限。

（6）沾上海水或泥沙的白棕绳，应用淡水冲洗干净，并充分晒干。若绳子表面已经干燥，但仍呈僵硬状态，说明内部尚未干透，须待晒至绳质柔软后才能收存，以免霉烂。

（7）白棕绳受潮后会收缩变硬，强度和弹性会下降，干透后又会伸长。雨雾天应将拉紧的绳索适当放松，以免绷断。

（8）纤维绳不用时，应按照要求整齐地盘放在木格垫板上，用帆布罩盖好，以免日晒雨淋。

（9）存放缆绳的仓库要保持通风、干燥。室温宜在10~21 ℃；湿度为40%~60%，以免纤维霉烂变质;同时应防鼠咬,并定期翻舱晾晒。

(二)化纤绳

(1)化纤绳怕高温、怕火,应避免长时间暴晒,远离蒸汽管路和火源;不得将烟头抛在缆绳上;要避免快速摩擦,上滚筒时绳圈不宜过多,也不能在缆桩或滚筒上溜缆,以免强烈摩擦产生高温,使缆绳焦黑、熔化。

(2)化纤绳怕割裂,应防止被利器损伤;避免锐角摩擦,带缆眼环和处于导缆器附近的绳段,要用帆布或胶布包扎;缆绳不可交叉布置,更不能与钢丝缆交错在一起。

(3)化纤绳伸长率大,有利于承受负荷,但一旦断裂时会往回弹击,容易伤人,操作人员不得站在危险区域内,以免发生危险。

(4)尼龙绳等弹性较好的化纤绳,拉伸后瞬间回弹力很大,当要解下绞缆车上的缆绳时,应逐步放松以消除弹力,以免操作人员被弹伤。

(5)化纤绳上桩时,应先在第一个单桩上绕1圈,然后在双桩上绕4圈以上的"8"字花。

(6)缆绳两头不可同时使用。在缆桩或滚筒上松解有负荷的缆绳时,操作人员不可靠缆绳太近,以防缆绳滑出太快将人拖倒致伤。

(7)系泊时应保持各带缆受力均衡,避免某根缆绳因受力太大、拉伸过度,弹性被破坏而造成永久变形,甚至断缆。

(8)使用旧化纤绳时,要认真检查纤维磨损、老化的程度,并适当降低其使用强度,以策安全。

有的化纤绳(如拖缆)表面看很好,既无严重损伤,也未老化,但因长期经受较大的拉力,缆绳已被拉伸变细,弹性遭到破坏,伸缩性很小,缓冲有限。其在突然受到强力冲击时就有破断的危险。这种缆绳应换到负荷小的地方使用,并注意使用时应使缆绳逐渐受力,一旦出现缆绳跳动,并伴有咯咯响声时,这是断缆的征兆,附近人员应及时避开。

(9)不用的缆绳应盘放、排列整齐。右搓绳应按顺时针方向盘放;存放在甲板上的化纤缆,应垫上木格板,并加盖帆布罩,避免长期暴晒。

(三)钢丝绳

(1)整捆新绳使用前应做如下检查:

①外观:检查尺寸、结构、捻法和捻制的紧密度,以及涂油的质量。在绳端5 m内不做捻距检查。

②检查机械性能和镀锌层质量。如锌层光泽变暗,且有白色或黑色薄膜,则应进行质量检验。

③包装规格:绳轮轴径应不小于绳径的15倍,密封包装绳轮轴径应不小于绳径的35倍;直径大于30 mm或重量大于700 kg的钢丝绳,一般应用木轮或金属轮包装,包装木轮的边缘应比绳的外层高出一定的高度,木轮不应受潮;采用麻布包装时应内衬防潮纸。

④整捆的钢丝绳除应附有质量证明书外,还应有标牌,其内容有:制造厂名称或商标,制造日期及技术监督部门印记等。

(2)对库存的钢丝绳应定期检查、涂油保养,每年至少一次;露天存放应遮盖防水。

(3)启用新绳时,可将整捆钢丝绳放在转架上吊起,拉出绳捆外面的绳头,即可边拉边转解开;如无条件放在转架上吊起,也可放置在甲板上松开,如图2-1-9所示。拉出的钢丝绳应在甲板上延伸排放以免扭结。

图 2-1-9　钢丝绳绳捆解开法

（4）截断钢丝绳之前,应用油麻绳或细索条等,将钢丝绳末端捆扎牢固,捆扎长度应达绳径的 3 倍以上,以免截断后绳股弹开松散造成浪费。

（5）钢丝绳伸长率很小,绞缆时应逐渐受力;吊重物时操作要平稳,切忌急顿或反向弯曲,以免断裂。

（6）钢丝绳不可扭结或过度弯曲,以免变形、油麻芯外露。各股受力不均时强度会下降;外露的油麻芯会吸潮、吸附尘垢,易使钢丝绳腐蚀,甚至断丝。

（7）收绞钢丝绳时,应在滚筒上挽绕 4 圈以上,绳圈排列要整齐,不可错叠交压。

（8）钢丝绳上桩时应在双桩上盘绕 5 圈以上的"8"字花,并用细绳将最上面 3 根绳用系缆活结扎牢,以防钢丝绳受力后弹开松脱。

（9）为避免钢丝绳一端因长期使用而磨损过度,另一端因不用而生锈,钢丝绳应定期掉头使用,以延长使用年限。吊货索每使用 200 h 左右掉头一次,带缆等动索可于保养时掉头使用。

（10）钢丝绳应保持有油,以免受潮生锈。沾上海水、泥污时,应先用淡水冲洗干净再涂上油脂;支索、稳索、带缆眼环以及栏杆索的插接部分,应先揩净脏污并涂上油脂。缠扎部分一般一年检查一次,必要时应拆开检查,再重新缠扎;作静索用的钢丝绳应涂上油漆防锈,每 6 个月保养一次;作动索用的钢丝绳每 3 个月应检查、除锈、涂油一次;远洋船的钢丝绳每航次检查保养一次。

（11）钢丝绳不用时应盘卷在钢丝绳专用的缆索卷车上,排列应整齐,遇有扭结时应解开,其方法是先将扭结扩大成绳圈,再顺着扭劲往绳端方向回转、拉开,边解开扭结边收卷钢丝绳,最后将扭劲从绳端消除掉。

临时在甲板上盘放钢丝绳时,应按顺时针方向盘放,若出现扭结时可将扭结扩大成绳圈,再顺着扭劲将绳圈自然压下,无须将扭结完全解开。

（12）钢丝绳的使用极限:

①在 8 倍直径的长度内,断丝超过钢丝绳总丝数的 1/10 时,就不能使用。

②钢丝绳变粗或变细,当所测得的三处直径的平均值与原来标准绳的直径之差超过原直径的 1/10 时,就不能使用。

③凡出现扭结变形、显著损伤、严重生锈的钢丝绳,应报废不用。

第二节 索具

绳索在使用中应根据需要配上卸扣、钩等配件,才能发挥作用。例如用钢丝绳作桅支索,一般应在大桅和甲板上安装眼环和眼板;钢丝绳两端要装上索头环或进行嵌环眼环插接,再用卸扣把它们连接起来组成桅支索;为了收紧桅支索以稳定大桅,还需在甲板一端加配索具螺旋扣。案例中除钢丝绳外,其他构件统称为索具。

一、卸扣

1. 用途

卸扣是用于连接各种绳头眼环、链环和其他索具的可卸环形金属构件。

2. 构造组成和种类

卸扣由本体和横栓两部分组成。有的横栓带螺纹,有的横栓带销钉。常见的有直形卸扣和圆形卸扣两种,如图 2-2-1 所示。卸扣常按使用的部位命名,例如用在锚干上的称为锚卸扣,用在锚链上的称为锚链卸扣,用在绳头上的称为绳头卸扣。

图 2-2-1 直形卸扣和圆形卸扣

3. 强度计算

国产的卸扣都铸有适用缆绳和强度的标志。对无标志的卸扣,其使用强度可由下列经验公式求得近似值:

$$圆形卸扣强度 \approx 36.26D^2 \quad (N)$$
$$\approx 3.7D^2 \quad (kgf)$$
$$直形卸扣强度 \approx 44.1D^2 \quad (N)$$

$$\approx 4.5D^2 \quad (\text{kgf})$$

式中:D——卸扣环形主体的直径(mm)。

4.注意事项与保养方法

卸扣使用时不可横向受力,也不许超过负荷,以免其拉损变形使横栓卡死。卸扣的横栓、栓眼要经常加油润滑,发现生锈应立即刮除、上油;带螺纹的横栓,螺纹不得碰损,以免无法拆装。

二、钩

1.用途

钩是用于悬挂货物或器材的工具,由钢铁制成,是装卸作业中不可缺少的工具之一。

2.构造组成和种类

钩是由钩把、钩背和钩尖三部分组成的,船舶常用的钩有下列几种:

(1)普通钩

根据钩把上眼环的方向不同,普通钩又分为正面钩和侧面钩,如图2-2-2所示。正面钩的钩尖与钩把上眼环的平面垂直;侧面钩的钩尖与钩把上眼环在同一平面上。普通吊货钩多采用配有转环的侧面钩。

(2)特殊钩

特殊钩包括旋转钩、牵索钩、抱钩、弹簧钩、防滑钩等,如图2-2-3所示。旋转钩的钩把可以旋转,以使吊索不因所吊重物转动而发生扭转,例如与吊货索连接的吊货钩就配此钩。牵索钩的钩背上有一固定小孔,以供连接牵索,拉动牵索可将所吊物体移到适当的地方,也可拉动牵索脱钩。抱钩由两个正面钩钩尖相对互抱组成,当其吊挂物体时,两钩受重力作用互抱更紧,所吊物体不会因摆动而脱落。弹簧钩的钩把上装有舌状弹簧片,使钩把与钩尖之间的空隙保持闭合,以阻止吊挂的物体脱落。防滑钩又称为活钩或鸭嘴钩,它由一个钩和一个长链环组成,链环上套有一个制动小环,使钩尖和链环扣合在一起,使用比较牢固可靠,解脱方便迅速,常用于锚链制动和回头缆的活端。

图2-2-2　普通钩(正面钩和侧面钩)

图 2-2-3　特殊钩

（3）山字钩

山字钩是由两个钩尖组成一体,呈"山"字形的吊货钩,常用于重型吊杆上,在使用时可将单根或双根吊货索平均挂在钩把两边,使其受力均衡、平稳。

3. 强度计算

钩的强度取决于钩背的粗细,可选用相应的经验公式求出其使用强度的近似值。

圆形钩背使用强度的经验公式:

$$钩的强度 \approx 15.68D^2 \quad (N)$$
$$\approx 1.6D^2 \quad (kgf)$$

式中:D——钩背的直径(mm)。

4. 注意事项与保养方法

在使用钩时,应保持受力在钩背的中心部分,以免将钩拉断;钩的强度比同直径的卸扣小,吊挂重量较大的重物时,应改用卸扣,以免将钩拉直、折断。

钩挂在眼环上时,如有斜度或是呈水平方向受力,钩尖应朝上挂,以防钩受力滑动使钩尖脱落,如图 2-2-4(a)所示。若钩挂上重物,应用小绳在钩背与钩尖之间缠扎,以防重物滑脱,如图 2-2-4(b)所示。

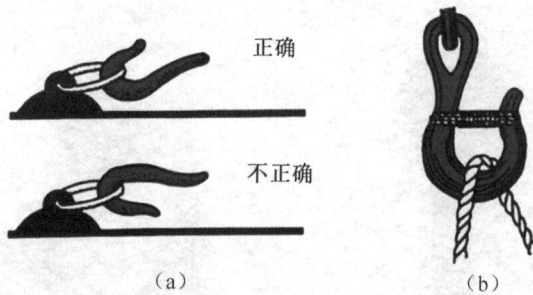

正确

不正确

（a）　　　　　　　　（b）

图 2-2-4　钩的使用方法

三、链索

1. 用途

链索在船上常用作舵链、吊货短链、千斤链、保险稳索的调节链等,也可用于拉牵、绑扎等。

2. 构造组成和种类

链索是由无挡链环组成的链条,如图 2-2-5 所示。常见的链索种类有舵链、吊货短链、千斤链、保险稳索的调节链等。

图 2-2-5　链索

3. 强度计算

链索的大小以链环的直径表示,单位为毫米。其重量可由每米链索的重量来计算。每米链索的重量可用下列经验公式估算:

$$每米链索的重量 \approx 0.0217D^2　（kg）$$

式中:D——链环的直径(mm)。

链索的强度约为同直径白棕绳的 6 倍。其破断时的伸长率可达 22% 左右,使用强度约为破断强度的 1/5。链索的破断强度可按下列经验公式计算:

$$链索的破断强度 \approx 362.846D^2　（N）$$
$$\approx 0.037D^2　（kgf）$$

式中:D——链环的直径(mm)。

4. 注意事项与保养方法

使用链索时,应先将链环调顺,以免其横向受力,造成链索断裂。

链索应经常检查保养,以保持良好的技术状态。链环与链环、链环与卸扣的接触部分,容易磨损、生锈,要注意其磨损、锈蚀的程度,若超过原直径的 1/10 就不能使用。还应注意检查链环有无裂痕。检查时不能只从外表上检视,要用铁锤逐个敲打链环,听其声音是否清脆、响亮。清除链索的铁锈宜用火烧撞击法,即链环加热后膨胀能使铁锈松脆,再经敲击链环相互碰击,可较彻底地清除铁锈;同时还可消除链环上的小裂纹。应对除锈后的链索涂油保养,以防止生锈。

四、眼板

1. 用途

眼板大都用于连接支索、保险稳索等。

2. 构造组成和种类

眼板是由一块一个或两个眼孔的钢板,垂直地焊接或铆接在另一块钢底板上的构件,如图

2-2-6 所示。

图 2-2-6　眼板

3. 强度计算

眼板的强度用下列经验公式计算：

$$眼板的强度 \approx 72.52a^2 \quad (N)$$
$$\approx 7.4a^2 \quad (kgf)$$

式中：a——眼板的厚度(mm)。

4. 注意事项与保养方法

应定期对眼板进行检查、测量磨损情况，如脱焊、变形或磨损、锈损超过原边厚的 1/10 时，应及时修复或更新。

五、眼环

1. 用途

眼环大都用于连接调整稳索或拴系其他绳索等。

2. 构造组成和种类

眼环是由"U"形或环形圆钢焊在钢底板上的构件。眼环有单一固定眼环和由一个固定眼环与一个活动眼环组成的眼环两种，如图 2-2-7 所示。

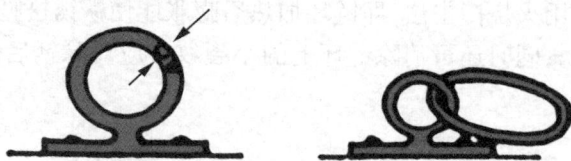

图 2-2-7　眼环

3. 强度计算

眼环的强度可按下列经验公式计算：

$$眼环的强度 \approx 29.4D^2 \quad (N)$$
$$\approx 3D^2 \quad (kgf)$$

式中:D——眼环的直径(mm)。

4. 注意事项与保养方法

应定期对眼环进行检查、测量磨损情况,如脱焊、变形或磨损、锈损超过原直径的 1/10 时,应及时修复或更新。

六、绳头卸扣

1. 用途

绳头卸扣是用于夹紧固定两根平行的钢丝绳或制作临时眼环的钳夹构件。

2. 构造组成和种类

绳头卸扣由"U"形环和夹座两个主要部分组成,"U"形环两端制成螺栓,插入夹座的眼孔后,再用螺帽旋紧;夹座上有齿状条纹,用以咬紧钢丝绳,如图 2-2-8 所示。

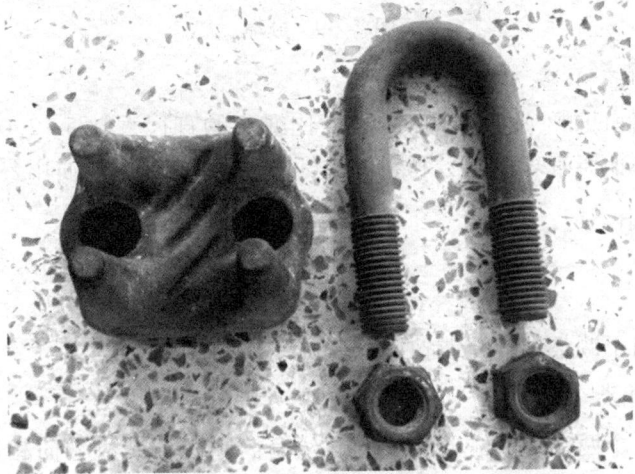

图 2-2-8 绳头卸扣

3. 注意事项与保养方法

绳头卸扣的尺寸是由"U"形开档的大小确定。选用时应使开档的大小与钢丝绳的直径相同。其使用的个数和排列间隔,取决于钢丝绳直径的大小。

在绑扎甲板或重大件货物时,常用绳头卸扣来固定钢丝绳或制作临时的绳端眼环,使用方法既方便又快速。使用时夹座应放在钢丝绳的绳干一侧,以减少损坏的绳段。"U"形环上的两只螺帽应逐渐、交替拧紧,以免夹座倾斜损伤螺纹,平时螺纹要加油润滑,以免生锈咬死;"U"形环要防止压损变形,以免造成无法拆装。

七、嵌环

1. 用途

嵌环是一种外缘带凹槽的金属环,当绳端需制成眼环时,将绳环嵌入凹槽内,可避免急折,减少内缘的磨损,以提高绳环的使用寿命。

2. 构造组成和种类

常见的嵌环有圆形和心形两种,圆形嵌环用于纤维绳;心形嵌环多用于钢丝绳,也可用于纤维绳,如图 2-2-9 所示。

图 2-2-9　嵌环

3. 注意事项与保养方法

选配嵌环时,应使凹槽(又叫绳槽)的宽度比绳索的直径大 0.5~2.0 mm,绳径大的取大数。较大的心形嵌环上铸有表示型号和强度的标志,可根据绳索的使用要求选用。

八、索具螺旋扣

1. 用途

索具螺旋扣是用于调整钢丝绳或拉杆松紧的专用索具。

2. 构造组成和种类

索具螺旋扣由一个两端螺纹方向相反的螺丝套筒和两根螺纹方向相反的螺杆组成,螺杆两端的连接构件制成钩、眼环或卸扣,如图 2-2-10 所示。

图 2-2-10　索具螺旋扣

3. 注意事项与保养方法

使用索具螺旋扣时转动螺丝套筒,由于两端螺纹方向相反,两端螺纹能同时伸出或缩进,就可调整钢丝绳或拉杆的松紧程度。为防止螺丝套筒受力时产生自由转动,可在螺杆一端与螺丝套筒间嵌入制止铁块,再用对销螺丝将其固定在螺丝套筒上。船上常用来调整舵链、桅杆支索或用于绑扎重大件货物等。

索具卸扣的大小,是以整个螺旋扣伸出的最大长度和缩进后的最小长度以及螺杆的直径来表示的。其使用强度以螺杆两端的钩、眼环、卸扣等连接构件的强度为准。

使用索具螺旋扣时应防止损伤螺纹;要经常加油润滑,以保持其转动灵活;用于静索上的索具螺旋扣,应先涂油再用帆布包扎,以防锈蚀或堵塞。

第三节 滑车与绞辘

一、滑车

滑车是船舶必备的起重工具。它组成绞辘起重时可改变用力的方向,也能达到省力的目的。必须掌握其结构性能和使用保养方法,才能确保生产安全,延长其使用年限。

(一)滑车的种类

(1)按照滑车的材料不同分类,滑车可分成木滑车和铁滑车两大类。

木滑车:其车壳为木质,滑轮用铁梨木(铁力木)等硬木制成,也有用铜、镀锌铁等金属制成。它用纤维绳作辘绳,强度较小,仅供吊放轻便物料用。按车带不同,木滑车可分为内车带木滑车、外车带木滑车和索箍木滑车。

铁滑车:其车壳、滑轮均为钢质。它用钢丝绳作辘绳,强度较大。吊货设备中的大负荷滑车都用铁滑车。

(2)按滑车的滑轮数不同分类,滑车有单轮滑车、双轮滑车、三轮滑车和四轮滑车等。

(3)按滑车的专门用途命名有:

吊货滑车:用于吊货的大负荷铁滑车,有较大的滑轮。

千斤索滑车:用于穿配千斤索的大负荷铁滑车。

导向滑车:用于导引绳索、改变拉力方向的单轮滑车。吊货索、千斤索的导向滑车均采用大负荷铁滑车。

开口滑车:在车壳一边于绳孔处开一活口,活口装有活动搭扣;使用时把搭扣打开,可将辘绳的任一绳段套入绳孔,扣上搭扣,插好销钉就能使用。常见的开口滑车有单轮开口铁滑车或木滑车,船上常用来引导带缆和改变绳索的拉力方向,因此开口滑车又称开口导向滑车,如图2-3-1所示。

图 2-3-1 开口导向滑车

（4）滑车按车头构件命名有挂钩滑车、眼环滑车、卸扣滑车、旋转滑车和尾索滑车等。尾索滑车又称为辫子滑车，多为索箍木滑车，在进行高空作业或舷外作业时，用来悬挂单人座板或架板。使用时将尾索滑车系在所需的位置，既方便又灵活，如图 2-3-2 所示。

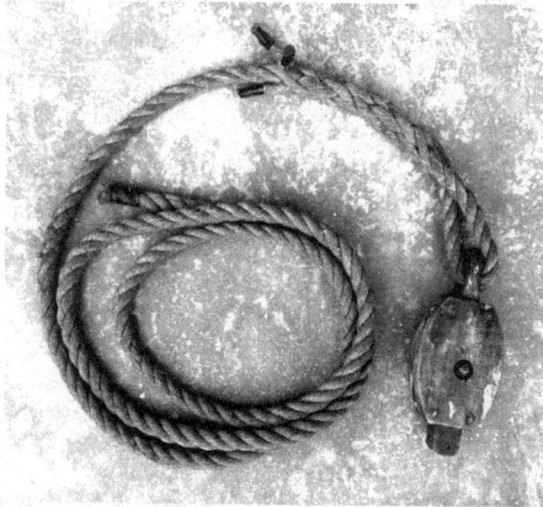

图 2-3-2 辫子滑车

（二）滑车的构造

1. 木滑车的构造

木滑车如图 2-3-3（a）、图 2-3-3（b）、图 2-3-3（c）所示。

(a)外车带木滑车 　　　　　　　　　　　　(b)内车带木滑车

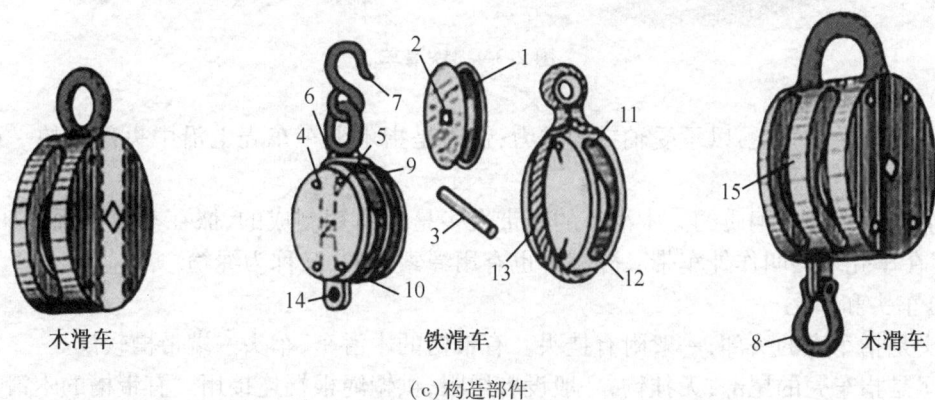

木滑车　　　　　　　　　　铁滑车　　　　　　　　　　木滑车

(c)构造部件

图 2-3-3　木滑车

1—滑轮；2—轴衬；3—轴钉；4—车壳；5—带槽；6—内车带；7—挂头(钩)；8—尾眼卸扣；9—车头；10—车尾；
11—绳孔；12—废孔；13—外车带；14—尾眼；15—隔板

2.铁滑车的构造

铁滑车如图 2-3-4 所示。

（1）滑轮

滑轮供辘绳滑动，以改变力的方向，滑轮的轮缘制成圆弧形凹槽，称为绳槽，供辘绳通过，并增加其接触面；滑轮中心有圆孔，将其套在轴钉上能使滑轮自由转动。中心圆孔大多嵌配有轴衬，轴衬一般采用轴承、滚珠轴承两种，以减少圆孔的磨损和滑轮转动的摩擦阻力。

（2）轴钉

轴钉又叫轮轴，是一钢质圆轴，供滑轮绕其运动，并承受滑轮的重力。

（3）车壳和隔板

车壳和隔板的作用是保护滑轮，防止辘绳滑出；两个滑轮以上的滑车，滑轮之间设有隔板，用以分隔滑轮和辘绳。木滑车的车壳和隔板是木质的；铁滑车的车壳和隔板是钢质的。车壳的头部用螺栓与挂头连接；尾部衬以空心垫圈，用螺栓固定。

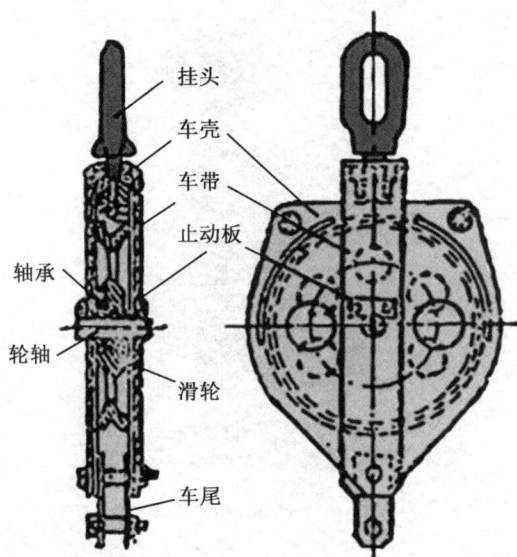

图 2-3-4 铁滑车

（4）车带和带槽

车带安装在车壳上,以承受轴钉的重力;带槽是指木滑车车壳上沿中央部分的一道凹槽,供安装车带用。

铁滑车的车带是钢质的。木滑车的车带大多是用扁钢制成的,嵌在车壳里面的叫作内车带;围闭在车壳外的叫作外车带。外车带也有用绳索做的,又称为绳箍。

（5）车头和车尾

车头是指车壳的头部,一般附有挂头。有带槽的木滑车,车头一端带槽较浅。

车尾是指车壳的尾部;无挂钩,一般设有尾眼,供辘绳根端连接用。有带槽的木滑车,车尾一端带槽较深。

（6）挂头

挂头指装在车头上的钩、眼环、卸扣等构件,有的还带有旋转环,是供系挂重物或固定滑车用的。挂头构件的强度代表滑车的强度。

（7）尾眼

尾眼指装在车尾,用于连接辘绳根端的连接构件。双轮滑车的尾眼大多偏于车壳一侧。

（8）绳孔和废孔

绳孔在车头的一端,它是车壳、隔板与滑轮绳槽之间构成的圆孔,供辘绳通过。

废孔在车尾的一端,它是车壳、隔板与滑轮绳槽之间的孔隙,不可穿绕辘绳。

（三）滑车的大小量法与辘绳

1.滑车的大小量法

铁滑车的大小是量其滑轮的直径;木滑车是量车头到车尾的长度。滑车单位用毫米或英寸表示。

2.辘绳

用来穿配滑车组成绞辘的绳索叫辘绳。辘绳应按照滑车的制作材料和大小不同来选择。

（1）铁滑车的辘绳应选用半硬钢丝绳或软钢丝绳。绳径一般不超过滑轮直径的 1/12.8。在吊货装置中，作静索用的辘绳，其直径不允许大于滑轮直径的 1/8；通过开口导向滑车的辘绳，其直径不允许大于滑轮直径的 1/12。

（2）木滑车应配纤维绳。绳的周长一般不超过滑车长度的 1/3；或绳的直径不超过滑轮直径的 1/6。

（四）滑车的加油保养方法

滑车在使用时，轴衬与轴之间摩擦发热而膨胀，必须加油润滑，以免咬住。加油方法如下：

（1）对木滑车和使用率低、负荷小的铁滑车，可用比较好的牛油直接涂抹在轴和轴衬上。

（2）采用轴承的铁滑车，其轴承是由几块铜瓦或合金钢嵌以牛皮制成的。润滑油可从滑轮上的加油管道注入，以浸透牛皮起润滑作用。

（3）采用滚珠轴承的滑车，加油孔在中心凸起部分的边上。用油枪注满油后，注油孔的螺钉应旋紧；润滑油直接经加油管道进入轴承与轴之间。大型吊货滑车、导向滑车等，有的设有专门加油杯，每次装卸货前应往油杯里加满润滑油。

二、绞辘

滑车在穿配上辘绳使用时称作绞辘。由两个滑车组成的绞辘又称为滑车组。

（一）绞辘各部分名称

绞辘各部分名称，如图 2-3-5 所示。

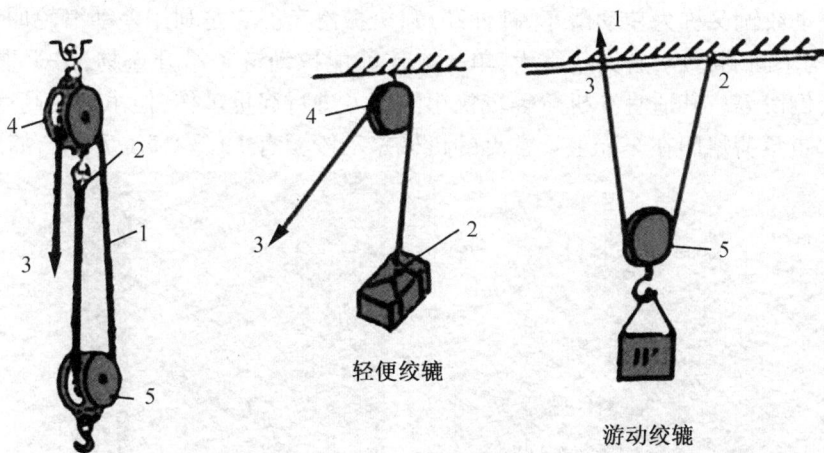

图 2-3-5 绞辘各部分名称

1—辘绳；2—根端；3—力端；4—定滑车；5—动滑车

（1）辘绳，又称滑车绳，是穿配在滑车上的绳索。

（2）根端，指辘绳固定在滑车的尾眼上或直接连接重物，或系固在某一固定点上的一端。

（3）力端，指辘绳用力拉的一端。

（4）定滑车，是固定于某处不动的滑车，使用时起改变用力方向的作用。

（5）动滑车，是起重时，随重物移动的滑车。

（二）绞辘的种类

1. 按滑轮数命名

（1）轻便绞辘：由单一定滑车组成的绞辘。轻便绞辘在使用时只能起改变拉力方向的作用，不能省力；其辘绳的根端直接连接在重物上。

（2）游动绞辘：由单一动滑车组成的绞辘。游动绞辘在使用时只能起省力作用，不能改变用力的方向。其辘绳的根端系牢在某一固定位置上。

（3）1-1 绞辘：定滑车和动滑车均为单轮滑车。

（4）2-1 绞辘：由双轮定滑车和单轮动滑车组成。

（5）2-2 绞辘：定滑车和动滑车均为双轮滑车。

（6）3-2 绞辘：由三轮定滑车和双轮动滑车组成。

（7）3-3 绞辘：定滑车和动滑车均为三轮滑车。

2. 按用途和使用场所命名

绞辘有吊货绞辘、千斤绞辘、吊艇绞辘、吊锚绞辘，以及用于重型吊货装置的大型绞辘等。

3. 联合绞辘

联合绞辘又称为复合滑车组。将两副绞辘串联使用，其省力倍数为两副绞辘省力倍数的乘积。

4. 机械差动绞辘

机械差动绞辘又称为差动滑车、神仙葫芦、机械滑车。它是利用差动滑轮原理制成的铁滑车，具有结构坚固的特点；省力倍数大，单人操作就能拉动链条吊升重物，吊举重物平稳，松手后重物不会倒滑等。其适宜在机舱等较狭小的地方进行起重工作，但吊升的高度有限，升降速度较慢。起重负荷烙印在车壳上。常见的机械差动绞辘有 1 t、3 t、5 t、7 t 等，如图 2-3-6 所示。

图 2-3-6　机械差动绞辘

（三）省力计算

如果不考虑摩擦力的损耗,绞辘的省力大小可根据与动滑车相连接的辘绳根数来估算。当动滑车上的辘绳有 2 根时,可省力 1/2,即拉力只需物重的一半;若动滑车上有 3 根辘绳时,则可省 2/3 的力,即拉力仅需物重的 1/3。必须指出,省力倍数越大,重物吊升的速度就越慢,两者成反比。但在实际工作中,摩擦力所损耗的拉力是不可忽视的。辘绳通过每一个滑轮所损失的拉力相当于所吊升物重的 1/20～1/10。若按 1/10 计算,其省力计算的近似公式如下:

$$P \approx \frac{W(10 + n)}{10k}$$

式中:P——拉力(单位与物重同);

W——物重;

n——辘绳通过的滑轮数;

k——与动滑车相连接的辘绳的根数。

联合绞辘的省力计算的近似公式如下:

$$P \approx \frac{W(10 + n_1 + n_2)}{10k_1k_2}$$

式中:P——拉力;

W——物重;

n_1、n_2——两副绞辘的辘绳所通过的滑轮数;

k_1、k_2——两副绞辘中,与动滑车相连接的辘绳的根数。

（四）辘绳的穿法

1. 准备工作

（1）备妥滑车:将两只滑车车尾相对,相距 2 m 左右,平放(指滑轮与甲板平行)在甲板上;定滑车在前,动滑车在后。

先确定辘绳根端的固定装置。当两只滑车的滑轮相等时,根端固定在定滑车的尾眼上;若两只滑车的滑轮不相等,一般应将滑轮多的作为定滑车,则辘绳的根端应固定在滑轮少的动滑车的尾眼上。确定根端时应注意双轮滑车的尾眼偏于车壳一侧,以便确定辘绳穿绕的次序。

（2）根端的固定:通常采用卸扣或横栓连接,所需的插接工具、物料等,应先备妥。

（3）整理辘绳:穿配辘绳时应将根端先从定滑车的某一绳孔穿入,右搓绳应按从左向右的顺时针方向穿绕。因此整理辘绳时,辘绳应按顺时针方向,整齐地盘放在两滑车之间的左侧,根端要放在上面。

2. 辘绳的穿法

辘绳的穿法必须满足绞辘使用的要求,即滑车受力平衡、辘绳不相互摩擦、绞辘工作平稳,以达到安全、省力的目的。

对于单一滑车,只需将辘绳的根端从左向右,穿过滑车的绳孔,再与挂件连接即可。由两个滑车组成的绞辘,在按上述要求做好准备工作之后,可按下面介绍的方法穿绕。

（1）1-1 绞辘

用根端从左向右,穿入定滑车绳孔;然后按顺时针方向,穿过动滑车绳孔;最后将根端插入嵌环眼环后用卸扣或横栓固定在定滑车的尾眼上,如图 2-3-7 所示。

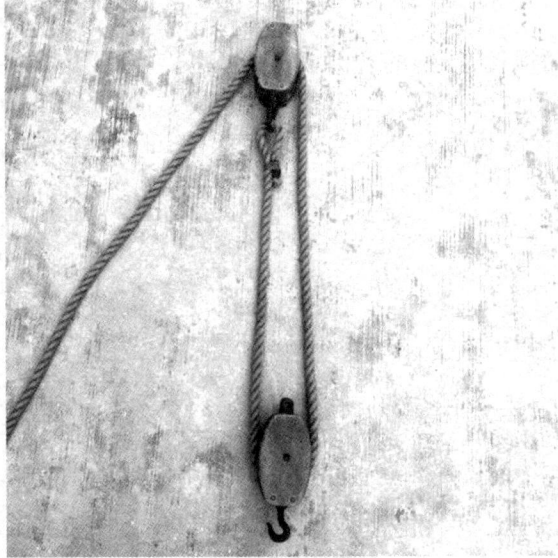

图 2-3-7 1-1 绞辘

（2）2-1 绞辘

用根端从左向右,穿入定滑车上绳孔;然后按顺时针方向,穿过动滑车绳孔;再按顺时针方向,穿过定滑车下绳孔;最后将根端固定在动滑车的尾眼上,如图 2-3-8 所示。

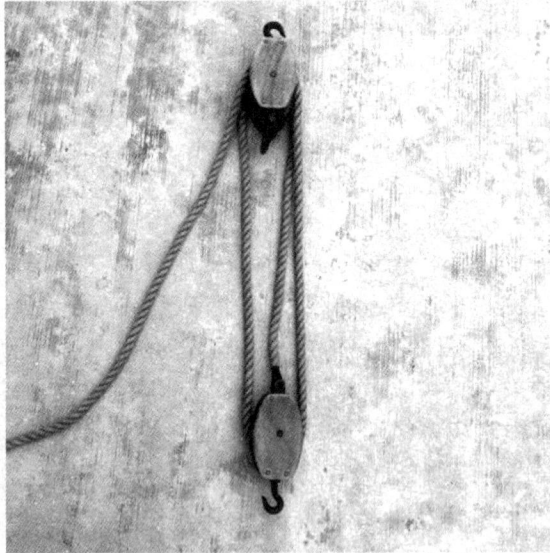

图 2-3-8 2-1 绞辘

（3）2-2 绞辘

先把定滑车尾眼偏于车壳下侧,用根端从左向右,先穿入定滑车上绳孔;然后按顺时针方向,穿入动滑车上绳孔;再按顺时针方向,穿入定滑车下绳孔;接着按顺时针方向,穿入动滑车下绳孔;最后将根端插入眼环后用卸扣或横栓固定在定滑车的尾眼上,如图 2-3-9 所示。

图 2-3-9　2-2 绞辘

（4）3-2 绞辘

先把动滑车的尾眼偏于车壳下侧；然后用根端从左向右，先穿入定滑车的中间绳孔；再按原穿绕方向，穿过动滑车的上绳孔；再改变穿绕方向，从右向左，穿过定滑车的绳孔；然后顺着穿绕方向，穿过动滑车的下绳孔；再改变穿绕方向，从左向右，穿过定滑车的下绳孔；最后将根端插入眼环后用卸扣或横栓固定在动滑车的尾眼上，如图 2-3-10 所示。

图 2-3-10　3-2 绞辘

（5）3-3 绞辘

用根端从左向右，先穿入定滑车的中间绳孔；然后按原穿绕方向，改穿动滑车的上绳孔；再改变穿绕方向，从右向左，穿过定滑车的上绳孔；然后顺着穿绕方向，改穿动滑车的下绳孔；再改变穿绕方向，从左向右，穿过定滑车的下绳孔；然后顺着穿绕方向，穿过动滑车的中间绳孔；最后将根端插入眼环后用卸扣或横栓固定在定滑车的尾眼上，如图 2-3-11 所示。

图 2-3-11   3-3 绞辘

三、绞辘的使用和保养

（1）必须按规定正确选配辘绳，以免造成滑车或辘绳过度磨损。辘绳太粗会与车壳、隔板相互摩擦，增加拉力的损耗；太细则强度不够，且容易滑脱卡住滑轮而引起危险。

（2）辘绳穿法应正确，以达到安全、省力的使用目的。

（3）必须准确掌握绞辘的使用强度，确定使用强度时，不仅要考虑滑车和辘绳的强度，还应考虑固定滑车和吊挂重物的连接构件的强度。应以其中最薄弱构件的使用强度作为绞辘使用的强度标准，不允许超负荷使用，起重时还应注意绞辘各部位的受力情况，防止发生事故。

（4）在使用过程中，若滑车发生"吱吱"的响声，一般是缺油摩擦引起的，应立即卸下滑车进行拆检、清洗、加油，然后再组装使用。既不能盲目使用，更不可贪图省事，以免发生事故。

（5）雨天辘绳易打滑，使用绞辘时应特别小心。

（6）用纤维绳穿配的绞辘，不能与其他绞辘联合使用。

（7）不使用绞辘时，辘绳应适当延伸，不能长期绷紧，以免过度疲劳使强度下降。

（8）经常使用的绞辘应定期检查保养。不仅要检查滑车，还应检查辘绳及其他附属构件，检查保养的要点如下：

①滑轮、轴、轴衬等转动构件应经常加油润滑，并注意加油孔路是否畅通。

②检查滑轮、绳槽、车壳、隔板、车带、挂头、轴、轴衬等部件的磨损情况；有没有锈蚀、裂纹；连接卸扣的销钉是否销牢。

（9）铁滑车必须卸下拆检。各部件应先用煤油清洗干净再进行检测，每次检测都要做好记录。

为防止装错，拆卸时应先做好记号。组装时为延长滑车的使用年限，单轮滑车的轴钉可转动上下面对调；多轮滑车的轴钉也可转动上下面对调，可能有时还应掉头使用，滑轮也应左右对换位置。

（10）轴、轴衬、挂头等部件若磨损超过标准规格 1/10 时应换新；滑轮与车壳、隔板应保持间隙,以免磨损。铁滑车的间隙不得超过 3 mm;拆装时不得损伤轴和轴衬等,需敲打时应先垫好木垫,以免打铆无法拆装。

（11）木滑车拆装后,轴钉应重新铅封;车壳要用黑铅涂擦;铁件应进行除锈、油漆。

（12）绞辘入库存放应避免堆压;要保持通风;注意防潮,并定期晾晒、检查保养。

（13）厂修时,大型铁滑车应进行强度检验。检验所得的使用强度,以及检验日期应烙印在车壳上。

第三章

缆绳的编插工艺

　　缆绳在船舶上应用最广,许多作业都离不开它。而缆绳大多需要编插或系结后才能使用:有的要在作业现场临时系打才能符合使用要求,对这类绳结,要求系结牢固、快速,还要解开方便;有些专用或固定在某处使用的绳索,需要事先插好或编好。这些插接或编结,要求能满足使用的需要,牢固可靠,外表平整美观,且不妨碍操作。

第一节　船舶常用绳结

一、用于绳与绳相连接的绳结

(一)平结

1. 用途

平结由两根粗细相近的小绳相接而成,一般用在不经常解开的地方。

2. 系结方法

两手各握一绳头,先打好一半结,而后将两绳头并拢再打一半结,收紧即可,如图 3-1-1 所示。

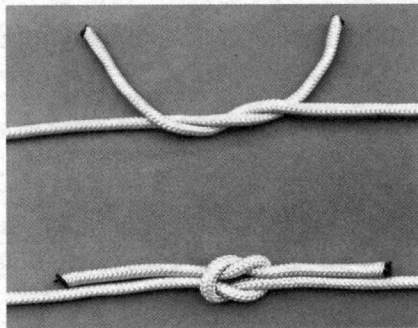

图 3-1-1　平结

3. 系结要求及注意事项

绳头穿出的方向须与各自的绳根同侧,并形成一绳环;绳结要收紧,绳头不能留太短,防止受力后滑脱松散。

(二)缩帆结

1. 用途

缩帆结是用于临时绑扎物品和连接两根粗细相同或相近的绳索的绳结;可随时迅速解开,一般用在经常解开的地方。

2. 系结方法

系结方法与平结打法基本相同,只是在第二道半结打好后留一活头,收紧即可,如图 3-1-2 所示。

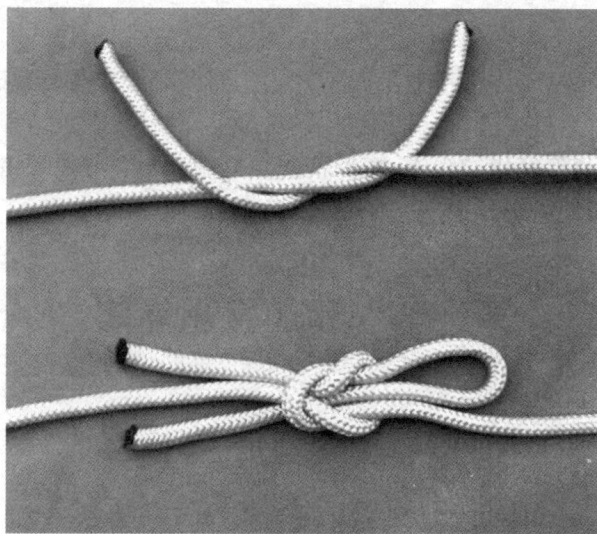

图 3-1-2 缩帆结

3. 系结要求及注意事项

两绳头及活绳环均不能太短、太小,绳结要收紧,以免绳结散开或变成平结。

(三)单编结

1. 用途

单编结由两根粗细相同或相近的绳索相接或绳端与绳环相连接而成。

2. 系结方法

将绳头穿过眼环并绕眼环一周,再将绳头穿过绳根,收紧即可,如图 3-1-3 所示。

3. 系结要求及注意事项

绳头不能留得太短,绳结要收紧,并保持平整,以免受力后松脱;若用于两绳连接时,应以较粗的绳头作绳环。此结不适合将绳子在较大的嵌环或坚硬的绳环上系固。

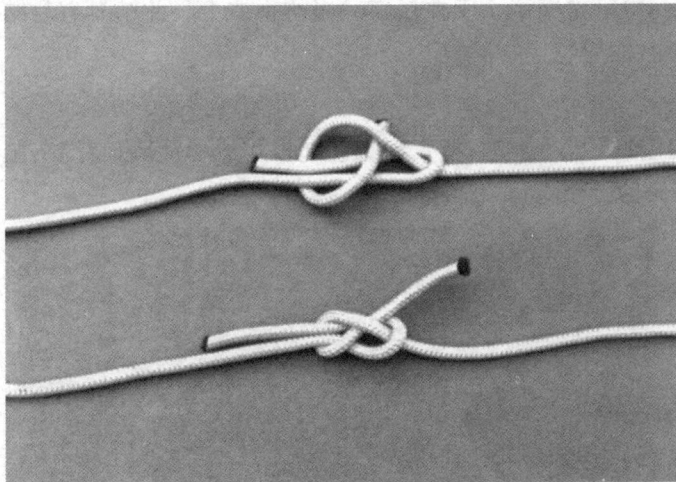

图 3-1-3　单编结

（四）双编结

1. 用途

双编结与单编结相同，但较为牢固，常用在受力较大的地方，如上高绳与座板绳的连接处。

2. 系结方法

在单编结的基础上，将绳头绕眼环一周穿过绳根，收紧即可，如图 3-1-4 所示。

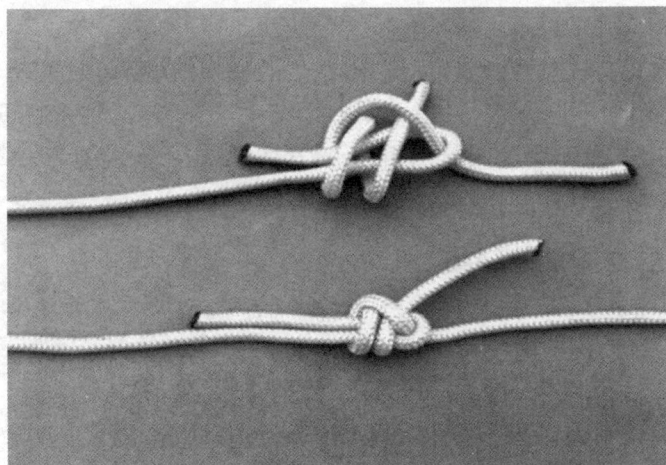

图 3-1-4　双编结

3. 系结要求及注意事项

绳头两次穿绕的方向要一致，都应被绳根压住，绳圈排列要整齐，不可交压，其他要求与单编结相同。

（五）单套结

1. 用途

单套结在船舶上用途极广，如在高空、舷外作业中作临时保险带，绳与绳、绳与眼环临时连接;可用于水面救生;也可将绳索系固在任何适当的物体上。此结具有易结易解,牢固可靠,受力后绳结不会变形、松脱等特点。

2. 系结方法

在离绳头一定距离处打一半结,拉紧绳头使绳根构成一绳圈,将绳头绕过绳根回穿进绳圈内,收紧即可,如图 3-1-5 所示。

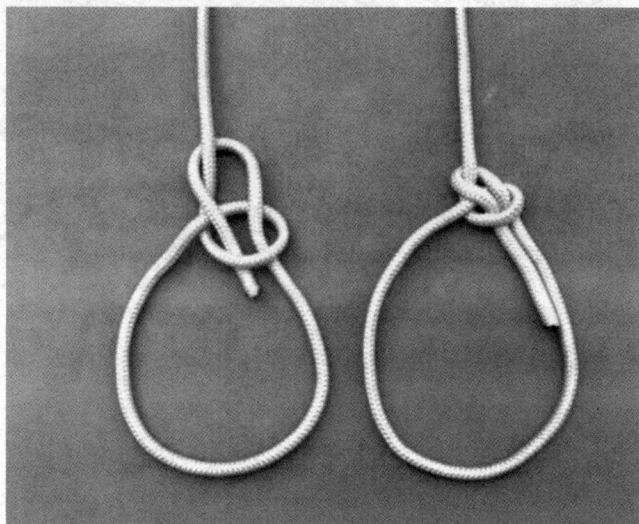

图 3-1-5　单套结

3. 系结要求及注意事项

绳头不能留得太短,且应放在绳环内侧,绳结要收紧,以防受力时松动变形。由于此结用途广,系结时根据使用的不同要求,采用不同的系结手法,才能达到系解迅速、运用灵活的目的。作临时保险带用时,要求绳环与腰围相符,松紧适度;用于撇缆绳与带缆眼环连接时,绳头应保留活头状态,以便迅速解开。

二、系固在圆形物体上的绳结

(一)丁香结

1. 用途

丁香结用于将绳索系固在圆形物体上或小绳与大缆垂直连接。

2. 系结方法

将绳头从里向外绕物体一圈,并压住绳根,再将绳头绕物一圈并穿进第二次构成的绳圈内,收紧即可,如图 3-1-6 所示。

3. 系结要求及注意事项

绳头不能留得太短,绳结要收紧,以免受力后滑脱;使用时要注意绳根受力的方向,要防止绳头被绳根压住不易解开;此结不能用于方形物体上,否则容易松脱。若属临时性系结,为便于迅速解开,可将绳头留成活头状态,但绳股不可交压,绳结要确实收紧,当需系留较长时间时,在打好丁香结后,可将绳头在绳根上再打个半结,成为"丁香结加半结",则更牢靠。

图 3-1-6　丁香结

（二）鲁班结

1. 用途

鲁班结与丁香结相似，但比丁香结牢固。由于系结点摩擦阻力增大，绳结不易滑动。绳根受力方向可成锐角，甚至向水平方向拉也不滑脱；在绳根受力的情况下也可系结；也可将绳索系固在竖立的圆材上；在较短的圆材中部系固后，还可供吊升、拖拉。拆装千斤索滑车时，用绳索固定千斤索就用此结。此结不能系固于方形物体上，否则容易松脱。

2. 系结方法

在丁香结的打法中，先将绳头从里向外绕物体两圈，压住绳根再将绳头绕物体一圈并穿进第三次构成的绳圈内，收紧即可，如图 3-1-7 所示。

图 3-1-7　鲁班结

3. 系结要求及注意事项

绳圈要平整、紧实,绳头不能留得太短。其他要求与丁香结相同。

(三)圆材结

1. 用途

圆材结用于绳索与圆形物体的系固,或临时拖曳、吊升圆形细长物体。

2. 系结方法

将绳头绕物体一圈,然后绕过绳根并折回,在圆物上的绳根上绕 2~3 圈,收紧即可,如图 3-1-8 所示。

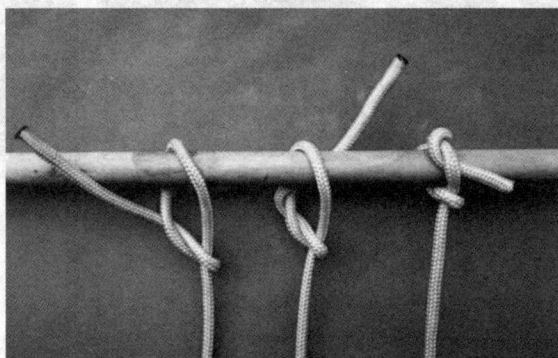

图 3-1-8　圆材结

3. 系结要求及注意事项

绳头不能留得太短,绳结要确实收紧,以免受力后绳结移动、松脱。

(四)拖木结

1. 用途

拖木结是圆材结和半结的组合,主要用于拖吊较长的圆形物体,如木材等。

2. 系结方法

在圆材结的基础上,再做一半结,从物体的另一端套进,收紧即可;也可以先系完半结再用绳头打圆材结,然后先收紧圆材结,再将半结扣紧,如图 3-1-9 所示。

图 3-1-9　拖木结

3. 系结要求及注意事项

圆材结、半结均应收紧，两结中间不可留有松弛绳段，以免受力后滑动、松脱。当圆材两端粗细不同时，半结应系在较粗的一端。

(五)两半结

1. 用途

两半结用于绳索在圆柱、栏杆、眼环等圆形物体上的系固。

2. 系结方法

将绳头绕过圆柱一圈，然后在绳根上打两次半结，收紧即可，如图3-1-10所示。

图 3-1-10 两半结

3. 系结要求及注意事项

两半结应在绳根上组成丁香结，绳头不能留得太短，绳结要收紧。

(六)旋圆两半结

1. 用途

旋圆两半结与两半结相同，但较牢固。绳索受力时也能系结，如将架板绳收紧并固定在栏杆或眼环上。

2. 系结方法

将绳头在圆柱上绕两圈，然后在绳根上打两次半结，收紧即可，如图3-1-11所示。

3. 系结要求及注意事项

旋圆时绳股不可交压，两半结应组成丁香结，绳头不能留得太短，绳结应收紧。

图 3-1-11　旋圆两半结

(七)扬帆结

1. 用途

扬帆结在升降圆木或圆形物体及船舶扬帆时用。此结坚固实用,系解方便。

2. 系结方法

将绳索在被系物体上绕两圈,然后将绳头绕过绳根后从绕物体两周的绳根上穿过,再从绕物体第一圈的绳根下面穿进,收紧即可,如图 3-1-12 所示。

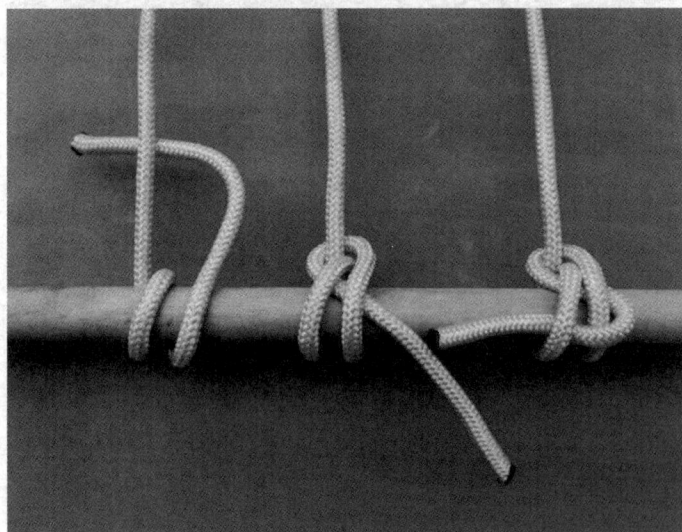

图 3-1-12　扬帆结

3. 系结要求及注意事项

绳头不能留得太短,绳结应收紧。

三、用于系泊作业中的绳结

(一)撇缆活结

1. 用途

撇缆活结是撇缆绳与带缆眼环临时连接的专用绳结,具有系、解方便迅速的特点。

2. 系结方法

将撇缆绳绳端穿过大缆的琵琶头后,在撇缆绳尾部附近折一眼环,再将撇缆绳绳端绕眼环一圈后拉紧并做一活头塞进眼环,收紧即可,如图 3-1-13 所示。

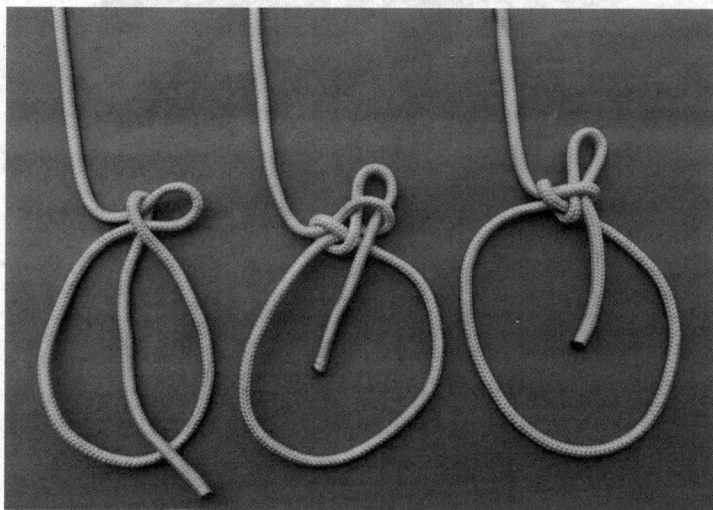

图 3-1-13　撇缆活结

3. 系结要求及注意事项

绳头与活头都不能留得太短,绳结要收紧,以免受力后松脱;若用撇缆头一端系结,可采用圆材结代替撇缆活结。

(二)系缆活结

1. 用途

系缆活结用于防止挽在双桩上的钢丝绳弹出或松脱。

2. 系结方法

将小绳折成双股,在最上面三根钢丝绳股的下方穿过,将左边绳端做一活头穿过绳环,收紧右边绳端,再将右边绳端做活头穿过左绳端绳环,收紧左绳端绳头即可,如图 3-1-14 所示。

图 3-1-14　系缆活结

3. 系结要求与注意事项

应将最上面的三根钢丝绳股绑牢,绳结要收紧,绳头不能留得太短,并保持活头状态;系结操作时不可戴手套,动作应敏捷,以防手被钢丝绳夹伤。

(三)制索结

1. 用途

制索结用于临时制住受力的带缆或其他缆绳不松移,以便挽缆或继续收绞缆绳,或松解缆绳。制索结有单制索结和双制索结两种,化纤缆大多采用双制索结。

2. 系结方法

(1)钢丝绳制索结

钢丝绳制索结打法如图 3-1-15 所示。先把制索链的根端固定在甲板上的眼环上;再将制索链在钢丝绳上顺绳股走向打个半结,也可顺着半结的方向多绕一圈;然后沿着出缆方向、与半结相反的方向、逆绳股走向,将制索链在钢丝绳上连续缠绕 4~5 圈;最后顺着出缆方向拉紧即可。

图 3-1-15　钢丝绳制索结

(2)化纤缆制索结

化纤缆应采用化纤双制索绳制索。双制索结的打法有两种:

①如图 3-1-16(a)所示,先将双制索绳的根端固定在甲板上的眼环上;再把双制索绳分开,

沿着出缆方向,在缆绳上下交叉缠绕4~5次;然后将双制索绳并拢拧成单绳;再顺着出缆方向拉紧。

②如图3-1-16(b)所示,先把双制索绳的根端固定在甲板上的眼环上;再将双制索绳并拢拉直紧靠在大缆上,选一适当位置先缠绕大缆一圈;然后朝着制索绳根端的方向再缠绕4~5圈,将制索绳和大缆紧紧地缠在一起;最后留下一小段制索绳拉紧即可。

(a)

(b)

图3-1-16 化纤缆制索结

(3)三股纤维缆制索结

三股纤维缆应选用相同纤维制成的单制索绳。三股纤维缆制索结如图3-1-17所示。先把制索绳的根端固定在甲板上的眼环上;再将制索绳在缆绳上逆绳股走向打个半结;然后沿着出缆方向、与半结相反的方向、顺绳股走向,将制索绳缠在缆绳的股缝中,连续缠绕3~4圈后,顺着出缆方向将制索绳拉紧即可。

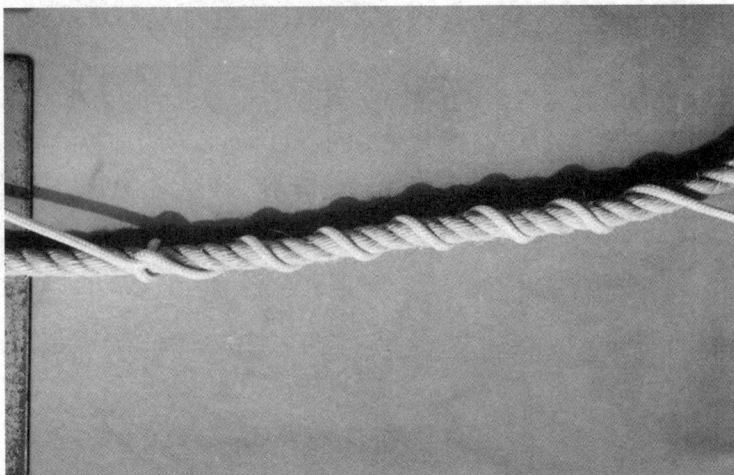

图 3-1-17 三股纤维缆制索结

3.系结要求与注意事项

(1)制缆前认真检查制索工具和卸扣、眼环等连接构件的强度是否可靠。使用制索链时，应先把链环调顺，以免滑脱或断裂。

(2)制缆操作时，动作应力求正确、迅速；要随时注意制索器材各部分的受力情况，以便一旦出现险情时能安全避开。

(3)作业人员一律不得站在受力缆绳的靠舷边一侧，也不能在其他危险区域内停留。

(四)挽桩结

1.双桩挽绕法

缆绳在双桩上，一般采用"8"字形挽绕法；也可先在第一个桩上绕一圈后，再绕到第二个桩上，继而按"8"字形走向，围绕两个缆桩盘绕4~5道。纤维绳最后一道应反扣，如图3-1-18所示。若是钢丝绳最后一道不要反扣，则应用小绳将最上面的三根钢丝绳扎在一起，以防松脱。拖带缆时，由于拖缆负荷大，因此在双桩上挽绕时，应挽8道以上才能避免拖缆滑脱。

图 3-1-18 双桩挽绕法

2.羊角挽法

将纤维绳按顺时针方向,绕羊角 1~2 圈后拉紧;再按"8"字形走向,围绕羊角盘绕 3~4 道,最后一道应反扣、收紧,如图 3-1-19 所示。

图 3-1-19　羊角挽法

四、用于高空、舷外作业中的绳结

(一)绞花结(也称"8"字结)

1.用途

绞花结用于防止绳头穿过孔眼后滑脱出来,如上高绳穿过滑车的绳孔后,系上此结,即可防止上高绳滑脱。

2.系结方法

将绳头压住绳根构成绳圈,再绕绳根一圈后将绳头穿回绳圈内收紧即可,如图 3-1-20 所示。

图 3-1-20　绞花结

3.系结要求及注意事项

绳头要留足长度,绳结应收紧,以防松脱。

(二)双套结

1.用途

双套结用于代替单人座板或用作保险带,其能按使用方式的需要,随意调整两个绳环的大小,一旦绳结收紧后,绳环大小可保持不变。

2.系结方法

(1)代替单人座板用(也称双股系法)

将上高绳一端绳头折成双股;然后将双股绳构成一小绳圈并使双股绳头穿过绳圈;再将双股绳头向下张开,把构成的双股绳圈套进双股绳头内,收紧即可,如图 3-1-21(a)所示。

(2)作为保险带用(也称单股系法)

在安全绳的一端离绳头 1 m 左右处做一绳圈(如打单套结),将这端绳头以同一方向穿过绳圈两次后绕绳根一圈,再穿回绳圈内,调整所做成的两绳环大小后收紧即可,如图 3-1-21(b)所示。

(a)双股系法

(b)单股系法

图 3-1-21 双套结

3. 系结要求及注意事项

绳头不能留得太短,绳结应保持平整,并确实收紧。采用双股系法时,折双后分开的绳环应从下向上套入两绳圈,而后卡牢在绳根上,不可从绳根上往下套入;在折双的绳环未收紧之前,贴在绳根上的小绳圈不得松动,以免滑动成活套。采用单股系法时,最后一次绳头应从第二个绳圈的内侧穿出,并把两绳环的大小调整好。

(三)松降结

1. 用途

在高空或舷外作业中,松降结打在上高绳或架板绳上,用于控制和调整作业位置。

2. 系结方法

上高绳与单人座板绳以双编结连接后,所剩的 1 m 左右的绳头在双编结上方把穿过滑车又绕过座板绳的 3 股上高绳以逆时针方向打两个半结;或以架板结打完单套结后的绳头,在穿过滑车又绕过单套结绳圈的 3 股架板绳上以逆时针方向打两个半结,收紧即可,如图 3-1-22 所示。

图 3-1-22 松降结

3. 系结要求及注意事项

系结时两个半结的位置不能太低,以免卡住绳股无法松降;绳头不能留得太短,以免松降时半结松脱;若无专用拦腰绳时,打完两个半结后,绳头可留下 1 m 左右,以代替拦腰绳。架板两端的松降结的位置应以方便作业人员的松降操作为宜。

(四)架板结

1. 用途

架板结是搭跳板作业的专用绳结,用于架板绳与架板的连接。

2. 系结方法

取架板绳的中部或绳的一端放在横挡里面,将架板两侧的绳索交叉在横挡的下方绕过,再回到架板上,将横挡内的绳索拉长套过架板头,收紧两侧绳索并各做一个半结,套进两侧的横挡上收紧即可,如图 3-1-23 所示。

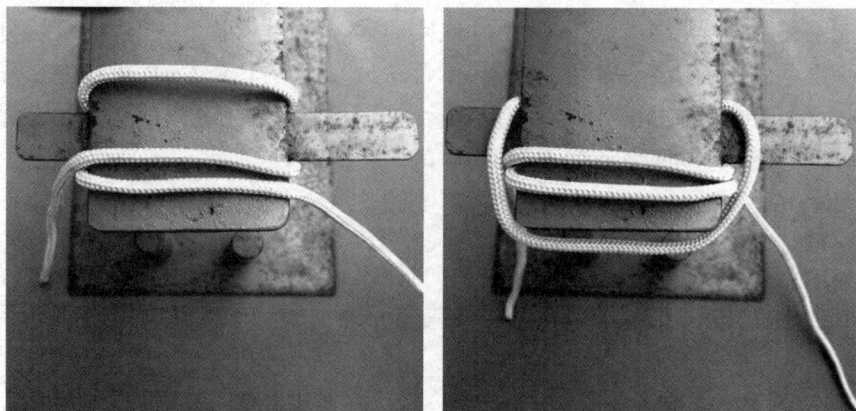

(a)　　　　　　　　　　　　(b)

(c)

图 3-1-23　架板结

3.系结要求及注意事项

绳股要保持平整,绳结应确实收紧;为防止受力后架板倾斜,绳结收紧后可在架板撑杆两侧各打上半结,但绳根拉出的方向要一致。

架板的布置因作业方式不同而异,系结时所用的绳段也不同。采用双绳固定的方式时,应取架板绳的中间绳段系结,以保持架板绳两端等长;采用可松降式的固定方式时,应以架板绳的一端系结,绳头应留足长度以备系打单套结和松降结。

(五)架板活结

1.用途

架板活结是架板绳在栏杆上固定时的专用活结。

2.系结方法

架板放出舷外后,将架板绳在两道栏杆上绕一圈,如图 3-1-24(a)所示;把两绳索在上栏杆下端分开,各做一绳圈,将左绳圈套入右绳圈,收紧右绳圈绳索,如图 3-1-24(b)所示;再将收紧后的右绳圈绳索做一绳圈,从上栏杆绕过穿入左绳圈,如图 3-1-24(c)所示;收紧左绳圈绳索,如图3-1-24(d)所示;将最后的绳圈拉长用此绳圈绕过两挡栏杆之间的所有绳索并打一半结,收紧即可,如图3-1-24(e)所示。

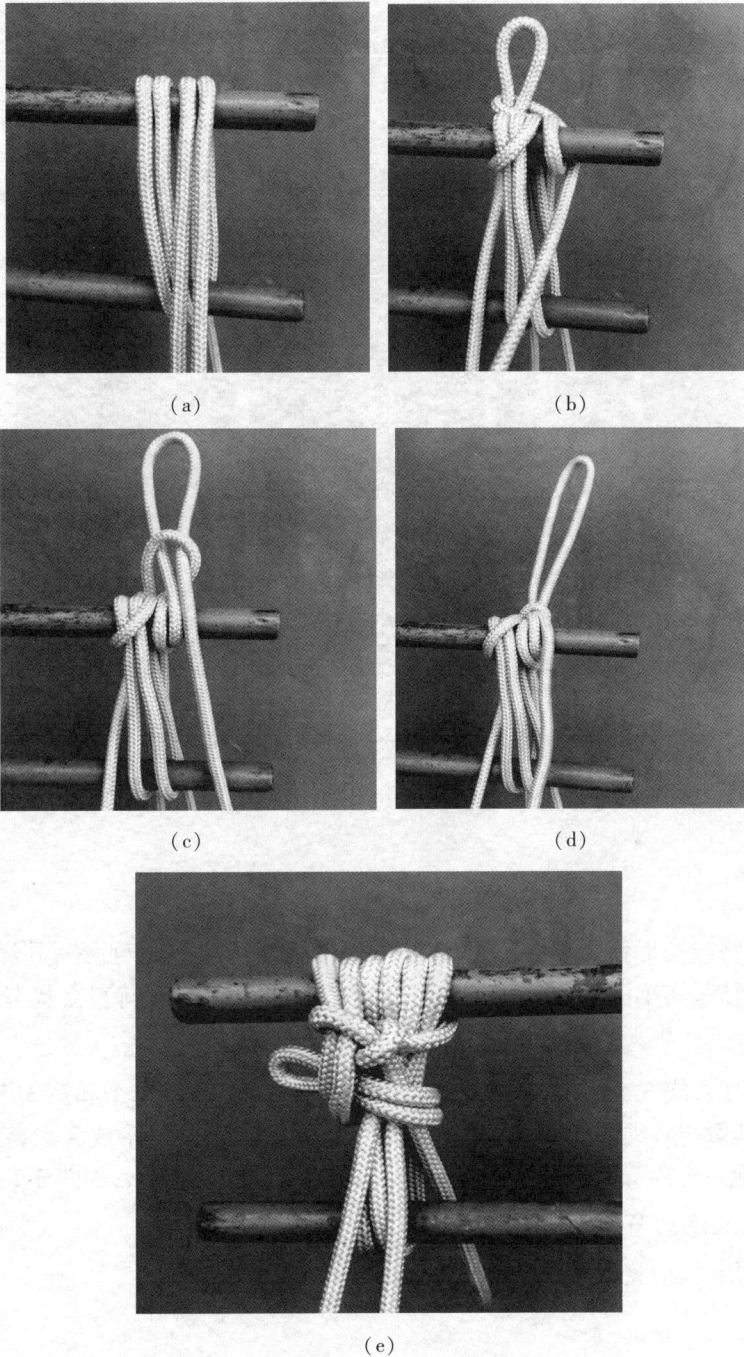

(a)

(b)

(c)

(d)

(e)

图 3-1-24　架板活结

3. 系结要求及注意事项

系结时要保持架板面呈水平状态,以免影响作业人员操作。

(六)绳锥结

1. 用途

绳锥结常用来吊运传送各种工具(手锤、油漆刷、扳手等),送给在桅上或舷外的工作人员。

2. 系结方法

在绳索上打一个绳圈,然后将工具放在绳圈做成的眼环里,收紧即可,如图 3-1-25 所示。

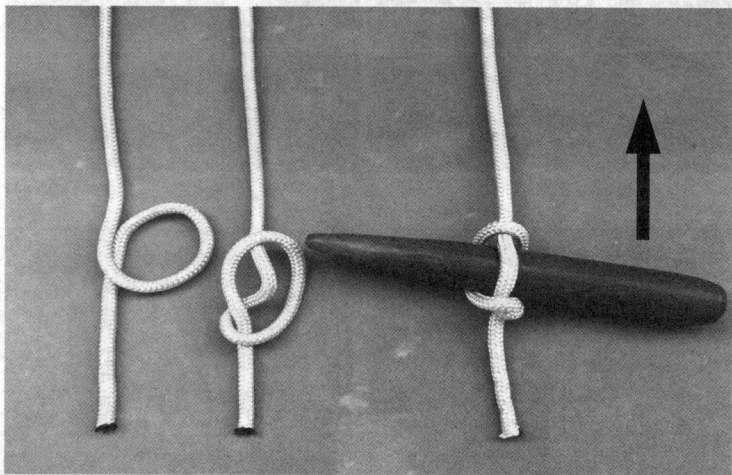

图 3-1-25　绳锥结

3. 系结要求及注意事项

此结应打在工具的中间,防止工具在传送过程中滑脱。

(七)桅顶结

1. 用途

桅顶结用来竖起长形物体,或用来固定长形物体,桅杆顶端系上此结,其绳索可用作临时支索和稳索。此结坚实牢固,系在桅杆上不会松散,使桅杆、立杆保持直立状态。

2. 系结方法

将绳索从左到右绕 3 个绳圈,依次交叉压住前一圈的右边,第 1 个和第 3 个绳圈的内边相交,然后分别向两侧与各绳圈交压后拉出,第 2 个绳圈也向上拉出,形成 3 个突出的绳圈,连同两个绳头(可接成一绳圈),可在左、右、前、后共连接 4 根拉绳或稳索,如图 3-1-26 所示。

3. 系结要求及注意事项

桅顶结在使用时,应将绳索都理顺拉紧。

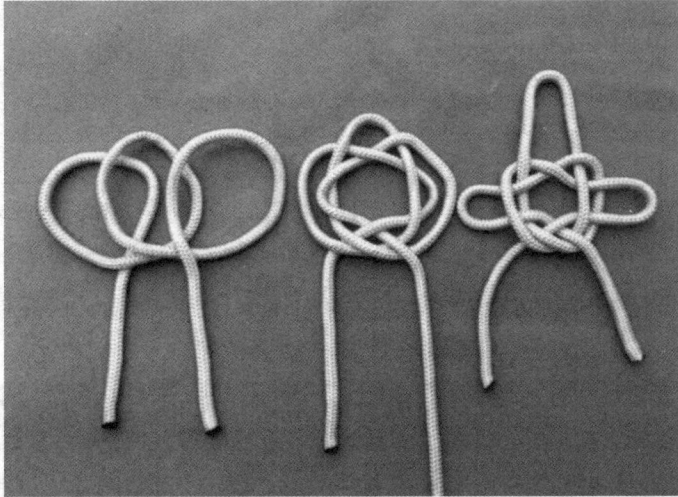

图 3-1-26　桅顶结

(八) 水手结

1. 用途

在高空、舷外作业时，水手结可用作临时保险带。此结实用、牢固，且受力均衡。

2. 系结方法

将绳子放在两手，各往上打两个半圆单边重叠，左手拿好绳根后部，右手将前部重叠交叉，从前往上翻，左手后部交叉形成 4 个对称小圈，如图 3-1-27(a) 所示；然后将大圈往相邻的小圈中穿入并拉紧，整理平顺即可，如图 3-1-27(b) 所示。

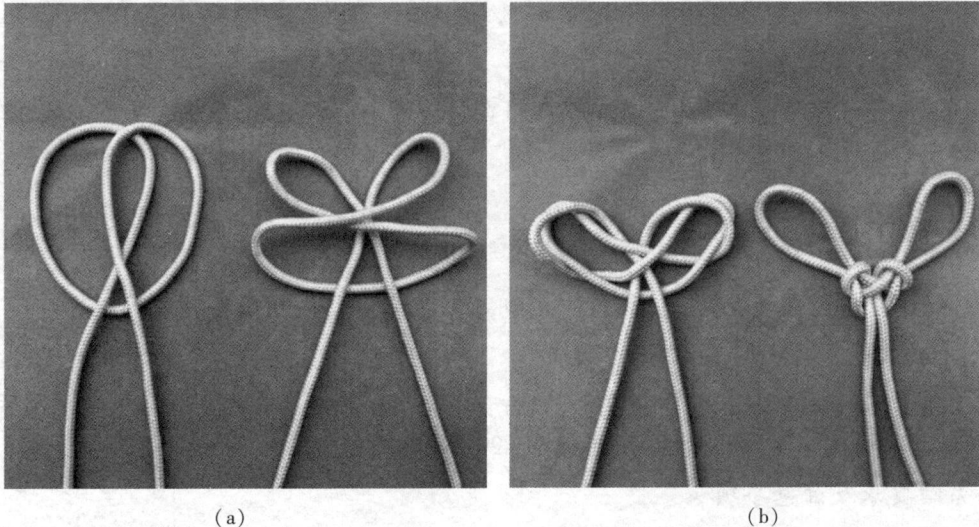

（a）　　　　　　　　　　　　　　　　　　　　　　　（b）

图 3-1-27　水手结

3. 系结要求及注意事项

事先应严格检查绳索的强度是否牢固可靠，不应使用磨损和变质霉烂的绳索。

五、其他几个常用绳结

(一)立桶结

1. 用途

立桶结用来吊装各种无耳环的桶、罐等物体。此结打法简单,吊装方便,易打易解。

2. 系结方法

在绳索的中部先打一个半结;然后将所吊的物体放在半结中,压住绳根,收紧即可,如图3-1-28所示。

(a)　　　　　　　　　　　　　　　(b)

图 3-1-28　立桶结

3. 系结要求及注意事项

立桶结常与杠棒结配合使用。立桶结应打在物体的中部偏上处,两根绳头受力要均匀,以防止物体左右摇摆。

(二)杠棒结

1. 用途

杠棒结用来吊运各种货物。此结打法简单,松解方便、迅速,可随便调整长短。

2. 系结方法

先用绳子的一端做一眼环,捏在左手;然后右手将另一端绳头在左手眼环上绕一圈后做成另一眼环,同时将两个眼环收紧即可,如图3-1-29所示。

3. 系结要求及注意事项

两个眼环受力要均匀,绳头不宜留得过短,以防受力时滑脱。

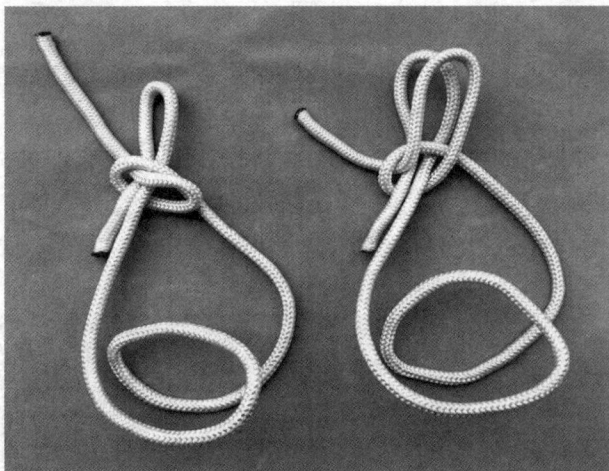

图 3-1-29　杠棒结

（三）扎绳头

1. 用途

扎绳头是为了防止绳头散开,加强绳头牢固性。此结系结迅速,不易散开。

2. 系结方法

左手握住被扎绳端向右,将扎绳头交叉放在被扎绳端上,绳头在下,根端在上;然后用根端绳索从里向外,在被扎绳杆上绕8~10圈,最后收紧扎绳头即可,如图3-1-30所示。

图 3-1-30　扎绳头

3. 系结要求及注意事项

缠绕时绳股应整齐、紧凑,绳头要收紧,最后把多余绳头割掉。

（四）缩短结

1. 用途

缩短结可根据情况和需要,临时将一根长绳索按一定的长度缩短,而不必将绳索切断;长短可以随时调节,简便实用。

2. 系结方法

可根据缩短长度的要求将绳索用"Z"字形、链条形或双耳环形进行缩短。

（1）"Z"字形

将绳子折成"Z"字形,在"Z"字形两端各打一个半结套住,收紧即可,如图3-1-31(a)所示。

（2）链条形

在绳子上预先做一眼环,将绳根穿过眼环再拉出一个眼环,依次将绳索缩短成所要求的长度,再将绳头穿过最后一个眼环,收紧即可,如图3-1-31(b)所示。

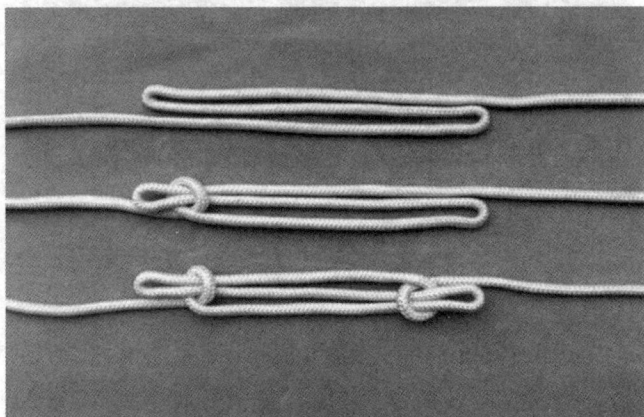

(a)

(b)

图3-1-31 缩短结

3. 系结要求及注意事项

两端半结不宜套得过于"外"面或"里"面,以防滑脱。

（五）瓶口结

1. 用途

瓶口结用来系结各种瓶类的瓶颈或类似物体。此结坚实牢固,不易滑脱,也可系于木柱上,用作桅顶结。

2. 系结方法

做两个相对称的绳圈,两绳圈相邻的右绳圈压左绳圈后,从左侧绳段下部折一绳环穿过左侧绳头后再压右绳圈,如图 3-1-32(a)所示;左绳圈的右侧绳移至绳环的上方,从左、右两绳圈交叉的中心孔穿出,左右绳圈向下翻转即成,如图 3-1-32(b)所示。

另一种简易系法如图 3-1-32(c)所示。

3. 系结要求及注意事项

打法要准确,使用时各股绳索必须收紧。

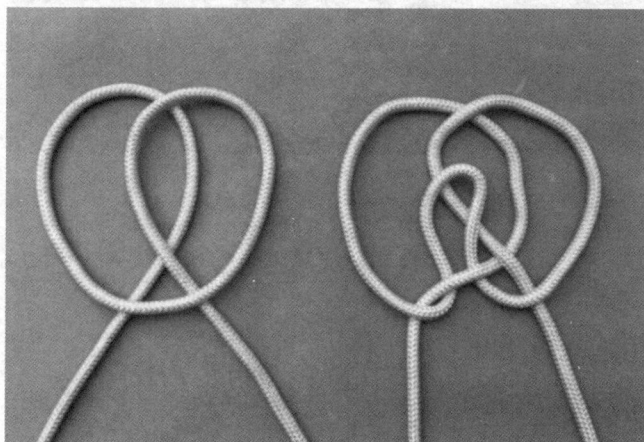

(a)

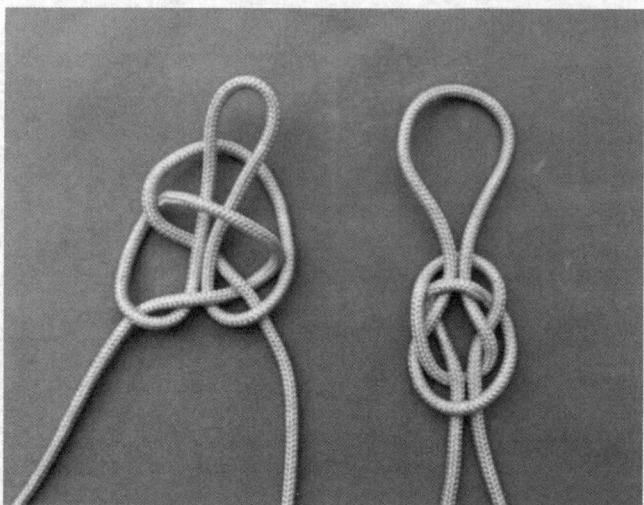

(b)

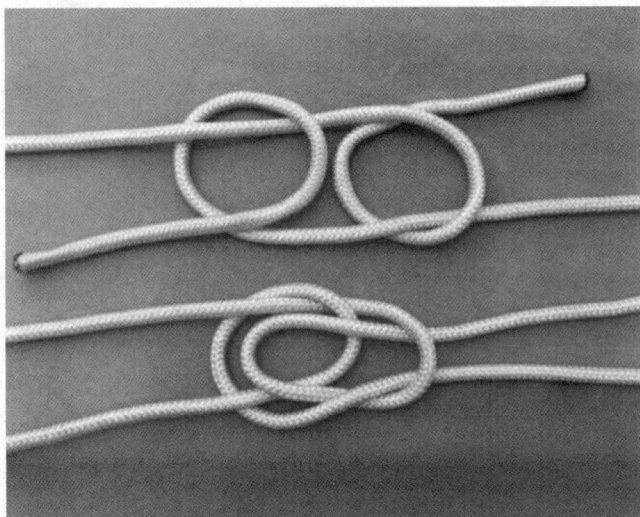

（c）

图 3-1-32　瓶口结

（六）小艇结

1. 用途

小艇结用于拖挂或牵引小艇。此结打法简单,使用方便,松解容易。

2. 系结方法

从拖船上引出拖缆,绳头从上往下绕艇首横座板一圈;然后将绳头绕过绳根再穿过座板下方,并做成一活头塞入绳根的下边,收紧即可,如图 3-1-33 所示。

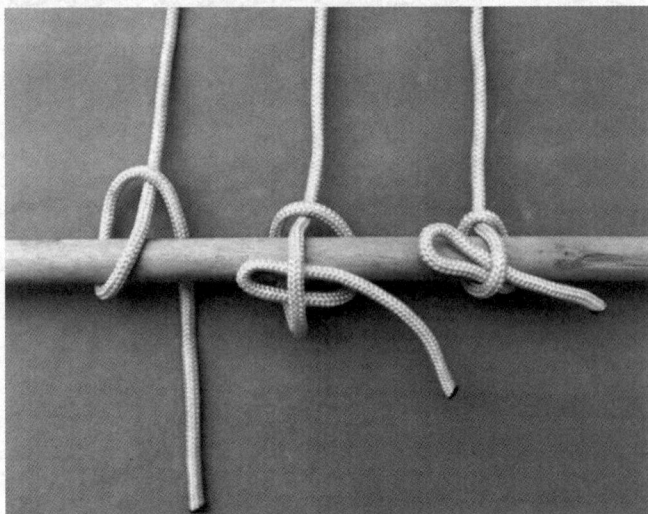

图 3-1-33　小艇结

3. 系结要求及注意事项

绳结应收紧,活头不宜留得太短,以防受力后滑脱。

(七)绳花结

1. 用途

绳花结用于连接两条大缆,或临时连接断缆。此结实用,系解方便。

2. 系结方法

将一端绳索预先做一交叉眼环;再将另一根绳端放在眼环上面;然后在眼环的绳根上一上一下绕眼环一圈后穿出,收紧即可,如图3-1-34所示。

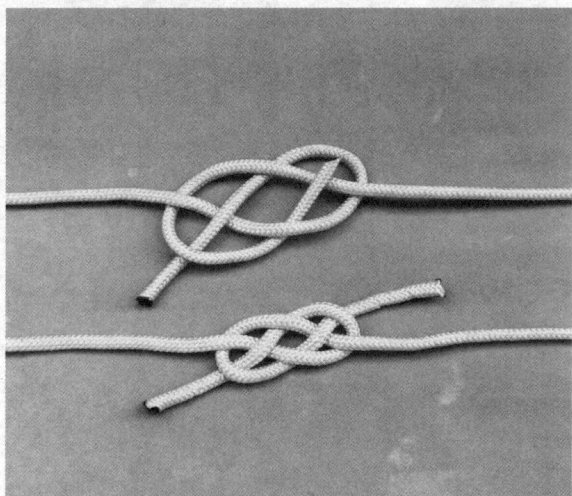

图 3-1-34　绳花结

3. 系结要求及注意事项

打此结时,绳头不宜留得太短,以防绳子受力时绳头滑脱。

第二节　船舶常用编结

纤维绳编结时,常用的工具、物料有:木笔、木槌、弯嘴铁笔、水手刀或剪刀、帆线等。编结要求:平整、美观、牢固、紧凑。

一、撒缆头结

1. 用途

撒缆头结用于编制球形撒缆头。

2. 编制步骤

先准备一根直径8 mm、长4 m的编织绳;备妥一颗重约200 g的铅球并用细帆布包好,或一个200 g黄沙的球状沙袋。

左手掌心朝内竖放,四指并拢伸直,拇指夹住绳头一端,让长绳头垂于掌背外侧;右手用长绳头一端,按顺时针方向,自左向右,在左手手掌上平整地缠绕3~5圈。绳圈应比备妥的铅球或球状沙袋稍大;当两绳端于掌心处相对时,将长绳头从无名指与中指之间绕过,形成一小绳弯,绳圈按原状从手掌上退出拉长;接着将长绳头按逆时针方向,自左向右,围绕第一次所绕的绳圈绕3~5圈。当绳头与第一次绕弯的绳股衔接时,将绳头从第一次绕的绳圈中向下穿过;然后按顺时针方向,自左向右,围绕第二次所绕的绳圈,平整地缠绕3~5圈,如图3-2-1所示。

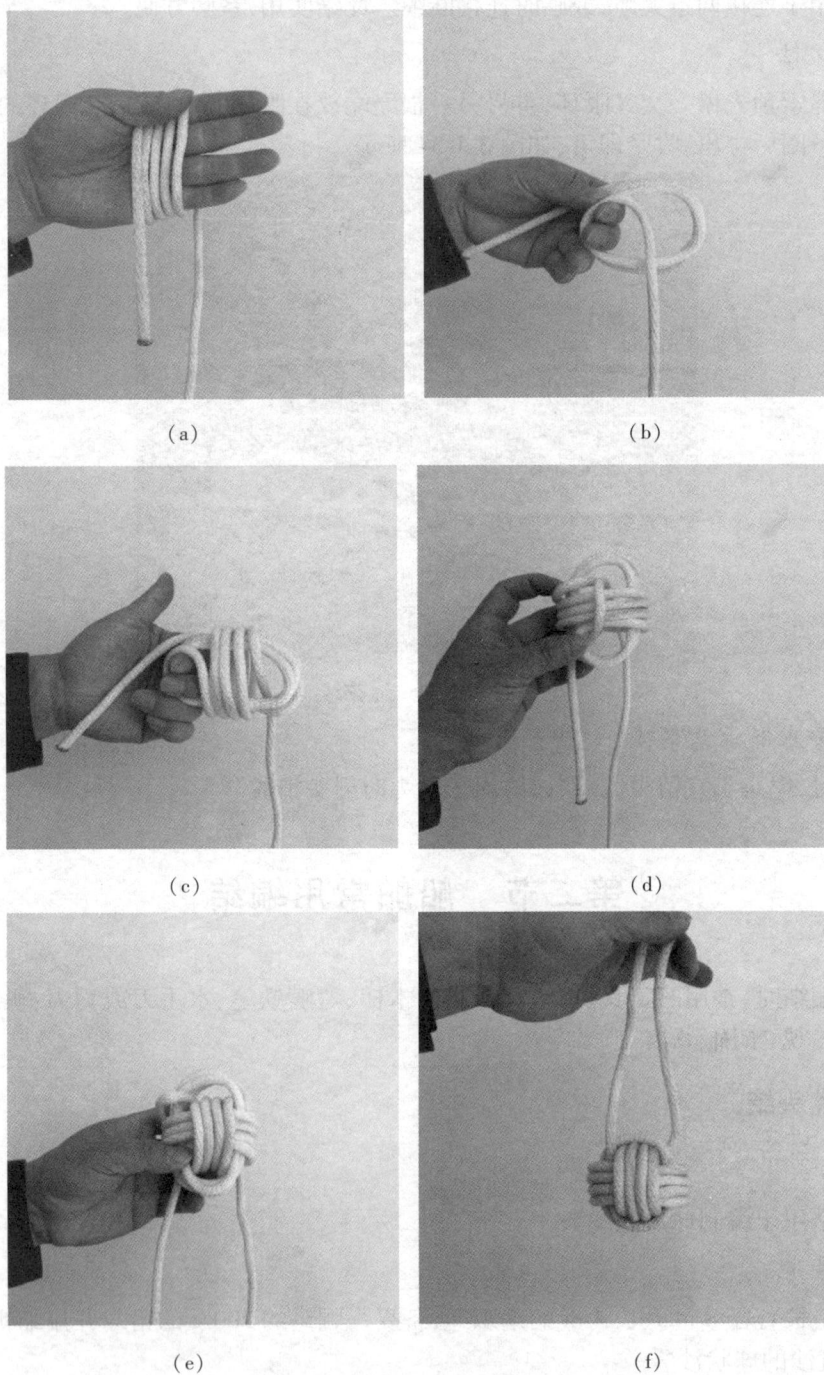

(a)　　　(b)　　　(c)　　　(d)　　　(e)　　　(f)

图 3-2-1　编制球形撇缆头

调整空心球,将用帆布包好的铅球或球形沙袋放进空心球中;向后再次调整球面各绳股使之分布均匀,然后从绳头的一端起,按同一方向依次将各股收紧;最后两绳头各留30 cm左右,并连接好。具体操作可见视频一。

视频一

3.编结要求及注意事项

编制时要注意撇缆头三个方向所绕的绳圈应相等,球头编好后总重量不宜超过
400 g。目前在船舶上,用铅球编制的撇缆头,在实际使用中不够安全,国外某些港口已禁止使
用,改用纺织沙袋或橡胶撇缆头。

二、握索结

1. 用途

握索结是舷梯扶手绳、软梯绳或垂索末端的一种索头结;可以防止绳头从孔眼中滑脱。为
了美观、牢固,编结时应保持花、股间隙均匀,并收成球状。

2. 编结步骤

(1)准备工作

在距绳端约6倍周长处,用棉帆线临时扎牢;将各股绳头也用棉帆线扎好。

(2)编结方法

第一步:先将松开的绳头朝上,让各绳股自然向下弯垂。任取一绳股为第1股,逆时针方
向依次为第2、3股;将第1股按逆时针方向折一绳环,放在第2股下面;照此编法,依次将第2
股放在第3股下面,第3股从第1股绳环从下往上穿,然后将各绳股向上收紧,如图3-2-2(a)
所示。

第二步:任取一股为第1股,逆时针方向依次为第2、3股;将第1股按逆时针方向折一绳
环,放在第2、3股之间,留下一小绳弯;第2股按逆时针方向,压住第1股,绳头放在第3、1股
之间;第3股按逆时针方向,压住第2股,绳头放在第2、1股之间;第3股按逆时针方向,压住
第2股,绳头从第1股留下的小绳弯中向下穿出,将各绳股向下收紧,如图3-2-2(b)所示。

第三步:任取一股为第1股,按逆时针方向,依次将各股顺着各自左边平行股走向穿两次
后顺着绳根穿出并收紧即可,如图3-2-2(c)、3-2-2(d)所示。具体操作可见视频二。

视频二

 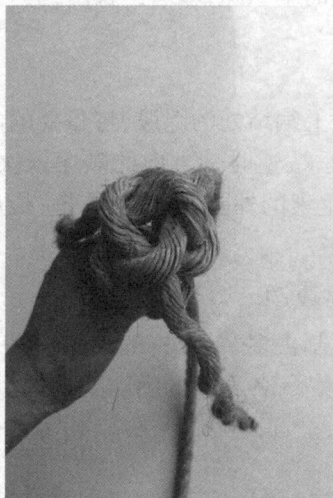

(a)　　　　　　　　　　　　　(b)

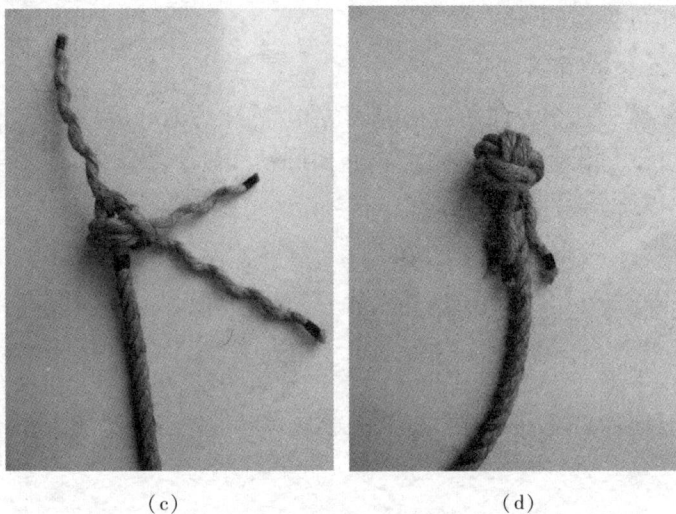

（c）　　　　　　　　　　　（d）

图 3-2-2　握索结

3.编结要求及注意事项

用木槌敲实、敲圆,割去多余绳头。

三、救生索中结(又称花箍结)

1.用途

垂挂于吊艇架横张索上的救生索,从连接眼环起,自上而下,每隔 50 cm 应编一个救生索中结,供船员上下艇时手攀脚蹬之用。

2.编结步骤

（1）准备工作

先在救生索上的编结处做上记号,每个救生索中结需用两根编结绳,编结绳可选用直径与救生索索股相同或相近的编织绳,裁剪出长度约为 80 cm 的索股,索股两端应用胶带或帆线扎好绳头。

（2）编结方法

用木笔挑开救生索上编结处的绳股,将备妥的两根索股穿入,调整 4 个绳头使之等长。

任取一股为第 1 股,按逆时针方向的顺序依次分为第 2、3、4 股,按照编握索结的 4 个步骤,将 4 条索股编在救生索的外围,像编个花箍;最后将各股绳头向下收紧即可,如图 3-2-3 所示。具体操作可见视频三。

3.编结要求及注意事项

用木槌敲实、敲圆,割去多余绳头;编结时应按自上而下的顺序进行,使每个结的绳头都朝下,编结要收紧,各花股的间隙要均匀。

视频三

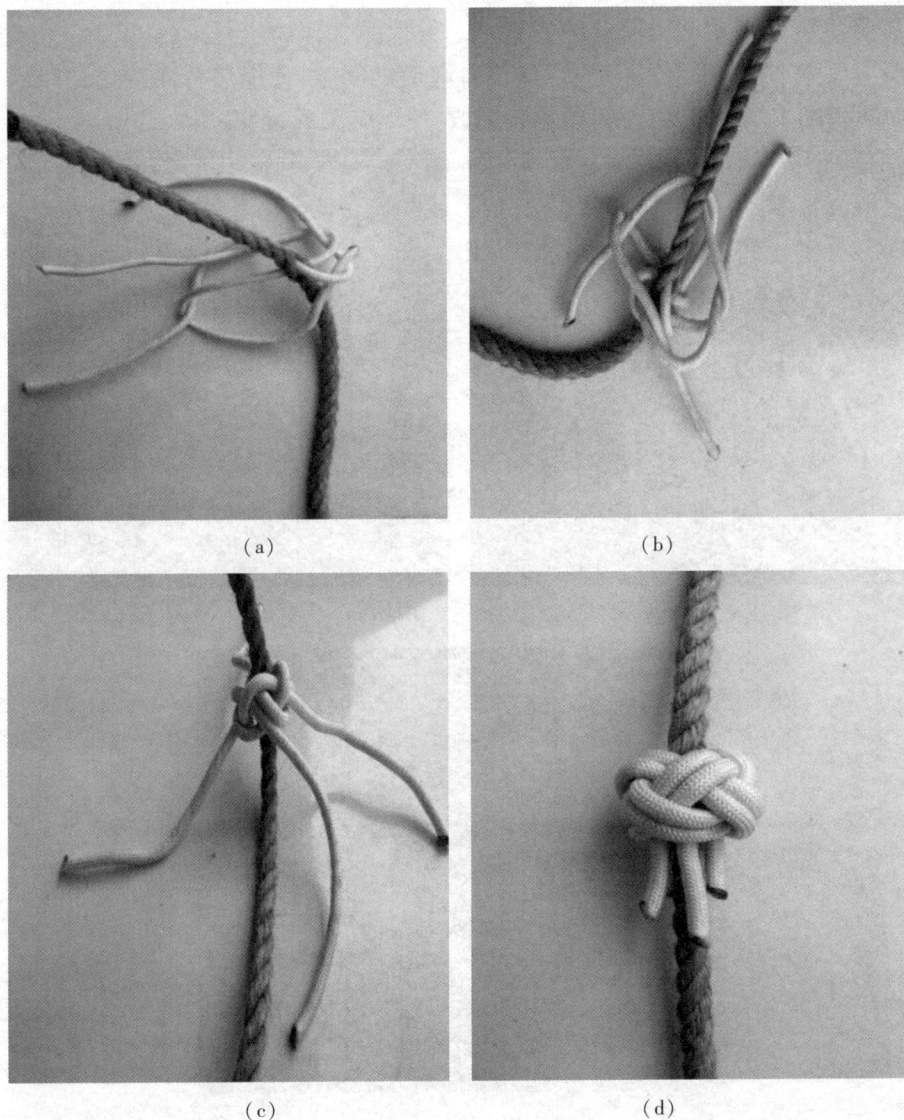

（a）　　　　　　　　　　　　　　（b）

（c）　　　　　　　　　　　　　　（d）

图 3-2-3　救生索中结

四、三股花箍

1. 用途

三股花箍用来箍紧木碰垫、橡皮管等或装饰在栏杆等处。此结箍紧后牢固、美观。

2. 编制步骤

　　三股花箍可直接编在被箍物上，也可在手中编结。右手心朝里，绳子放在左手虎口上，绳根在手背，用绳根压住绳头，朝手背绕一圈，用绳根压过第 2 圈绳干，并穿过第 1 圈绳干；然后在背上将第 2 圈压住第 1 圈，将绳根穿过第 1 圈绳干，这时在下面自然形成个交叉点，将绳根穿过交叉点外被压的绳干，将绳根抬至手心一面，并将绳根顺着绳头来处穿入；再将每道绳干绕成 3 圈，收紧即可，如图 3-2-4 所示。具体操作可见视频四。

视频四

3.编结要求及注意事项

各绳股应保持平行,不可交压;注意调整各绳股的间隙,使绳股分布均匀;穿绕道数增加时可借助木笔等工具,尽量收紧各绳股,使编结美观、紧凑。

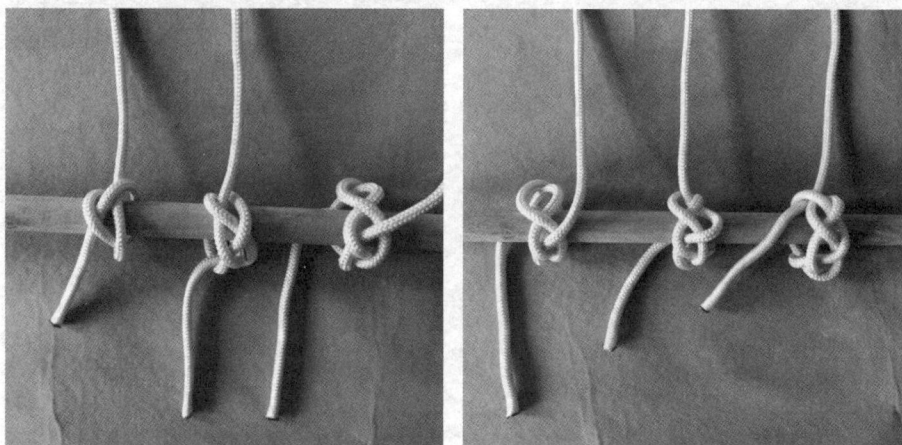

(a)　　　　　　　　　　　(b)

(c)

图 3-2-4　三股花箍

五、四股花箍

1.用途

四股花箍用来箍紧木碰垫、橡皮管等或装饰在栏杆等处。此结箍紧后牢固、美观。

2.编制步骤

四股花箍可直接打在被箍物上,也可在手中编结。

在被箍物上编结的方法如下:

第一步:取被箍物周长的 10~14 倍长的绳索 1 根,把绳干放在被箍物上,将绳根绕物体 1 圈后从右向左压在绳头上,构成第 1 个交叉,继续将绳根由左向右从第 1 圈绳干下面穿过,构成第 2 个交叉,然后将绳根从右向左压在第 1 圈绳干上,构成第 3 个交叉。

第二步：将活端由下向上从第 1 个交叉下面穿过，经过第 2 个交叉上面，再从第 3 个交叉下面穿过，置于绳头左侧。

第三步：将绳根由左向右从第 1 圈绳干上面经过后，再从第 1 圈绳干下面穿过，构成一、二花。

第四步：将绳根由右向左从第 3 圈绳干上面经过后，再从第 2 圈绳干下面穿过，压在第 1 圈绳干上面，构成三花。

第五步：将绳根由左向右从第 3 圈绳干下面穿过，经过第 2 圈绳干上面后在第 1 圈绳干下面与绳头相交，四股花箍起头完成。

第六步：将花箍调整均匀，适当收紧各股后，将绳根与绳头保持平行，沿着绳头走向编穿 4 圈或 8 圈，使每股都有 2 根或 3 根平行的绳干，即四股花箍，如图 3-2-5 所示。具体操作可见视频五。

3. 编结要求及注意事项

各绳股应保持平行，不可交压；注意调整各绳股的间隙，使绳股分布均匀；穿绕道数增加时可借助木笔等工具，尽量收紧各绳股，使编结美观、紧凑。

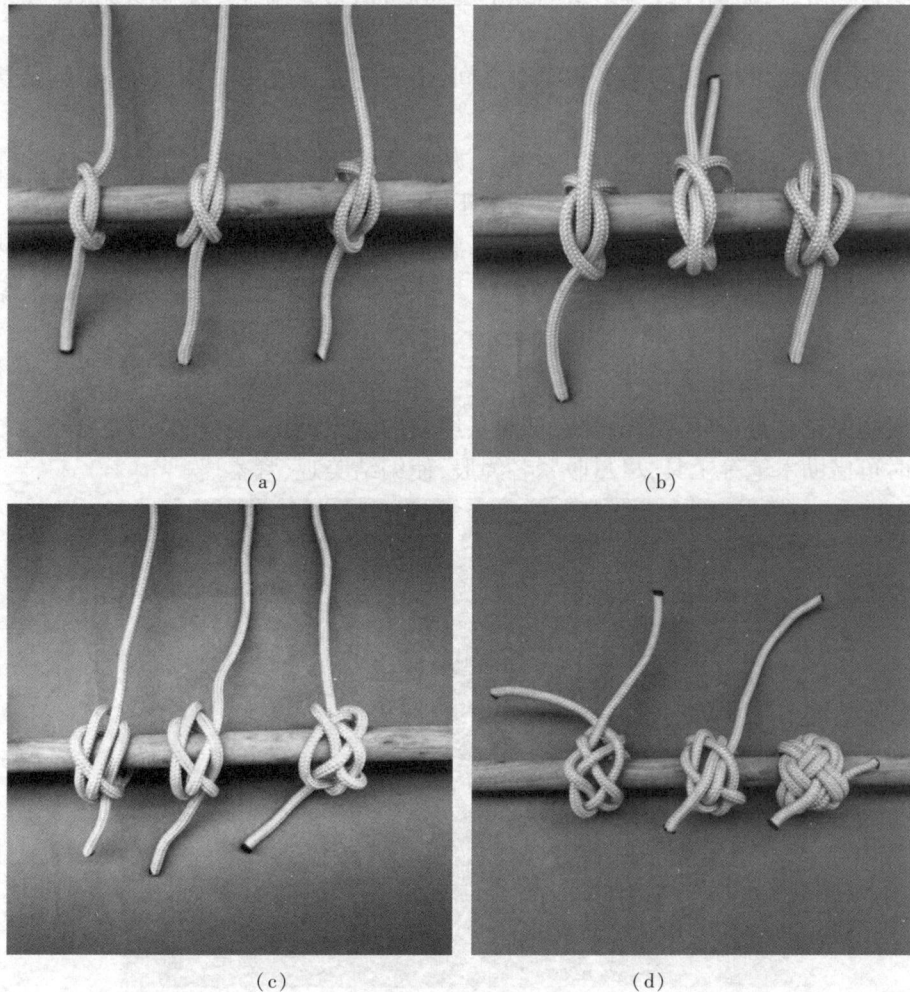

（a）

（b）

（c）

（d）

图 3-2-5 四股花箍

六、五股花箍

1. 用途

五股花箍用来箍紧木碰垫、橡皮管等或装饰在栏杆等处。此结箍紧后牢固、美观。

2. 编制步骤

五股花箍可直接打在被箍物上，也可在手中编结。

在被箍物上编结的方法如下。

第一步：取被箍物周长的12~17倍长的绳索1根，把绳干放在物体上，将绳根绕物体1圈后，由右向左从绳头上经过并继续绕第2圈，使绳根从绳头和第1圈中间经过，由左向右压在第2圈绳干上。

第二步：将绳根由右向左从第1圈绳干下面穿过压在第2圈绳干上面。

第三步：将绳根从绳头和第3圈中间经过后，由左向右从第2圈绳干下面穿过，压在第3圈绳干上面。

第四步：将绳根由右向左经过第1圈绳干上面后，从第2圈绳干下面穿过，压在第3圈绳干上面。

第五步：将绳根经过绳头与第2圈绳干之间，由右向左压在第2圈绳干上面后，从第3圈绳干下面穿过。

第六步：将绳根由右向左穿过第1圈绳干，从第2圈绳干上面经过后，从第3圈绳干下面穿过压在第4圈绳干上面，使绳根与绳头相交于第1圈绳干下面，五股花箍起头完成。

第七步：将各绳股调整均匀并适当收紧后，将绳根与绳头保持平行，沿着绳头走向穿5圈或10圈，使每股都有2~3根平行的绳干，即五股花箍，如图3-2-6所示。具体操作可见视频六。

3. 编结要求及注意事项

各绳股应保持平行，不可交压；注意调整各绳股的间隙，使绳股分布均匀；穿绕道数增加时可借助木笔等工具，尽量收紧各绳股，使编结美观、紧凑。

视频六

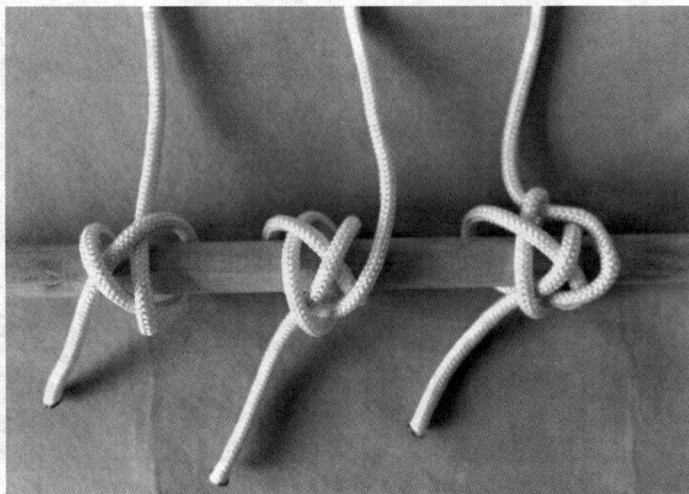

(a)

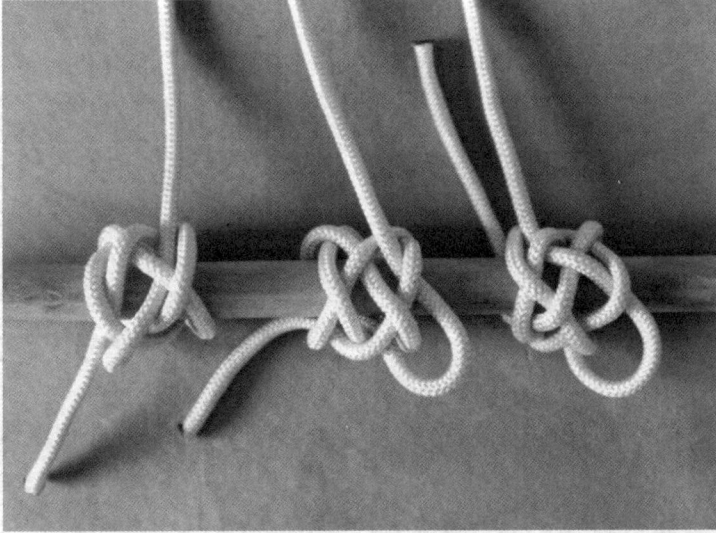

（b）

（c）

图 3-2-6 五股花箍

七、拖把结

1. 用途

拖把结主要是扎软拖把用。此结坚实牢固，使用方便。

2. 编结方法

将绳子的中部放在左手虎口上；然后右手拿住左手背的一端绳子，由外向里绕成一个绳环，并压在左手心的一端绳子上；再将左手心一端的绳子从绳环一端绳子的下面，从右向左穿过左手心中间，紧贴手心的绳干；然后将左手做好的翻过一面，左手拿住绳环，取任何一端绳头顺时针方向绕过另一根绳干，将绳头穿入中心孔内。另一头也以同样的方向绕过这一绳干穿入同一中心孔内，左手继续拿住绳环将其中间的结逐根收紧即可，如图 3-2-7 所示。

3. 编结要求及注意事项

应连续打好上、下两个结，然后将拖布条扎在两结之间。

（a）

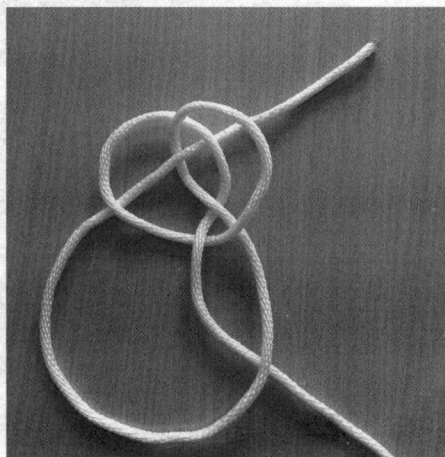

（b）

（c）

（d）

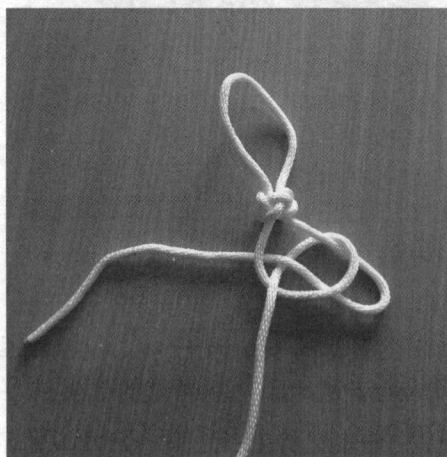

（e）

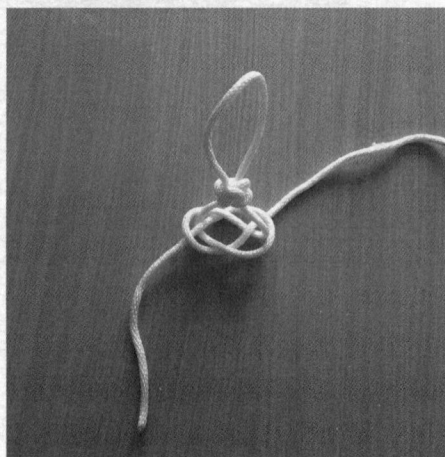

（f）

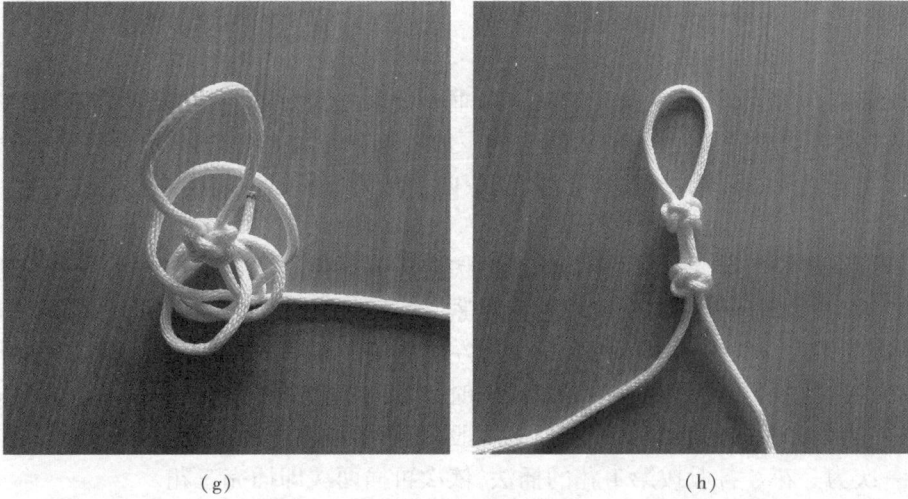

（g）　　　　　　　　　　　　　　（h）

图 3-2-7　拖把结

第三节　三股纤维绳插接

　　船上使用的三股纤维绳,大多是三股右搓拧绞绳。所以下面介绍的插接方法,都以三股右搓拧绞绳为例。纤维绳的插接工具如图 3-3-1 所示。

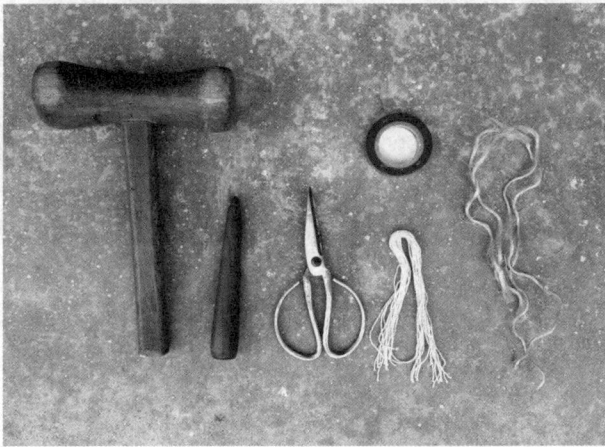

图 3-3-1　纤维绳的插接工具

一、绳头反插接(又称绳头插接)

1. 用途

绳头反插接用于防止绳头松散。

2. 插接步骤

(1)准备工作

用帆线或胶带将各绳股绳头扎牢,各股松开 6 倍缆绳周长的长度供插接用。

（2）插法

①起头

将松开的绳头朝上,让各绳股自然向下弯垂。任取一股为第1股,按逆时针方向依次为第2、3股。第1股按逆时针方向做绳弯,绳头向下放在第2、3股之间;第2股压住第1股,绳头向下放在第3、1股之间;第3股压住第2股,绳头向下从第1股留下的小绳弯中穿过。

②插股

三股纤维绳每股的穿插,都是逆着绳股的搓向压一股插一股(又叫反插)。先将各绳股的绳头向下收紧,收紧时绳股应向顺时针方向拧紧,使各股紧密地交压在一起。任取一股为第1股,向左依次为第2、3股。用木笔挑开第1股左边的第2根股,将第1股平顺地从挑开的股缝中,从右向左穿过、收紧,收紧时应将绳股向顺时针方向拧紧,使之与根股紧贴。绳股向左压一根股,插入左边第2根的股缝。接着插第2股,即第1股左边的绳股,然后插第3股。1、2、3股各插完一次为一花。各股按第1花的插法,依次再插两次即插完三花。

③收尾

用木槌将插接部分敲实、敲平。各绳股留下 2 cm 左右,割平余尾即可,如图 3-3-2 所示。具体操作可见视频七。

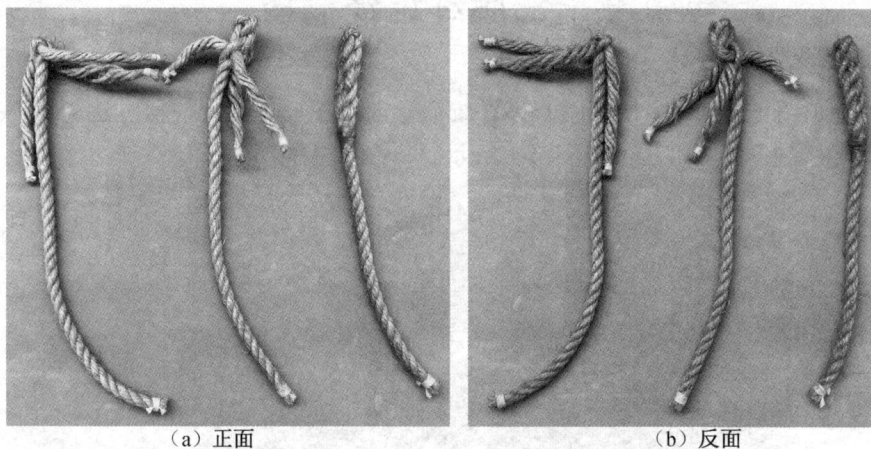

（a）正面　　　　　　　（b）反面

图 3-3-2　绳头反插接

二、短插接

1. 用途

短插接用于连接两根相同规格的绳索。这种连接方法比较牢固,但插接后缆绳强度下降1/10;插接部分绳径增大,不能作辘绳使用。

2. 插接步骤

（1）准备工作

用帆线或胶带把绳端各绳股的绳头扎牢,各绳股松开6倍缆绳周长的长度供插接用。

（2）插法

①起头

将两绳头松开的各绳股分开,相对插入对方的股缝中,两绳头相对收紧,使两绳交接紧凑,并用小绳将交接处扎牢;再将待插一端的三根绳股扎牢在对方的绳干上。

②插股

先插未绑扎一端的绳股。按照绳头反插接的插股方法,将 3 根绳股各插 1 次后尽量均匀收紧,然后将各股再插 2 次。将两绳交接处和待插一端绳干上绑扎的小绳解开。再次收紧待插各绳股,使两绳交接紧凑、各绳股受力均匀。然后仍按上述的插股方法,依次将各绳股插完三花。

③收尾

用木槌将插接部分敲实、敲平。最后各绳头留下 2 cm 左右,割平余尾,如图 3-3-3 所示。

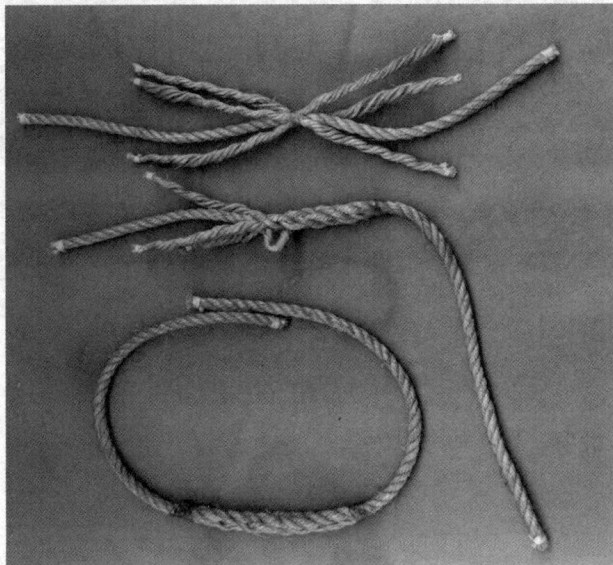

图 3-3-3　短插接

三、眼环插接

1. 用途

眼环插接用于制作纤维绳眼环。因绳环形似琵琶,故其又称琵琶头。

2. 插接步骤

(1)准备工作

在距绳端 6 倍缆绳周长处,用帆线或细绳临时扎牢;从绑扎处往绳根方向,量取眼环周长所需的绳段,并做好记号。用帆线或胶带将各绳股的绳头扎牢;然后将各绳股松开;再将松开的绳头按逆时针方向,平顺地放在绳根上做记号处的右侧。

(2)插法

①起头

将绳头的根部稍压平,使松开的绳股分开成左、中、右三股,定为第 2、1、3 股。用木笔挑开做记号处的最上面根股,将第 1 股从挑开的股缝从右向左插入收紧。木笔从第 1 股左边,挑开被第 1 股绳头压住的左边根股,将第 2 股从第 1 股左侧,从右向左插入,收紧即可。把绳环翻转 180°,用木笔挑开紧靠第 1 股右侧的根股,将第 3 股从挑开的股缝,从右向左插入收紧。调整各绳股,使起头交接紧凑,眼环平顺自然,各股受力均匀。

②插股

任取一股为第1股,按照前面介绍的插股方法,依次将各股插完三花。

③收尾

用木槌将插接部分敲实、敲平;各股紧贴根部扎牢,绳头留2~3 cm后割平余尾,如图3-3-4所示。具体操作可见视频八。

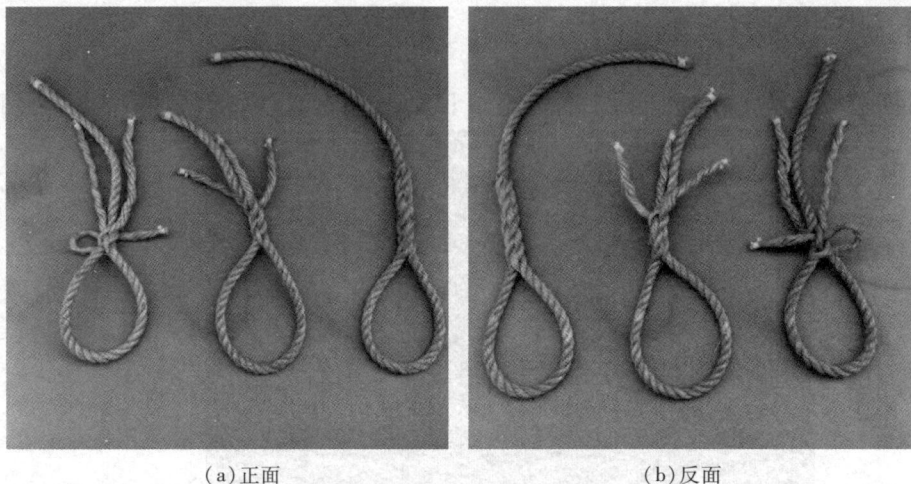

视频八

(a)正面　　　　　　　　　　　　　　　(b)反面

图3-3-4　眼环插接正反示意图

四、带心环眼环插接

1. 用途

为避免绳环受力时急折,减少绳环内缘磨损,眼环插接时,在绳环内嵌入一个金属心环,称为带心环眼环插接。

2. 插接步骤

(1)准备工作

选配的心环,其绳槽宽度应比缆绳的直径大0.5~2 mm,缆绳直径大的应取大的差数。在距绳端6倍缆绳的周长处,用帆线临时扎牢;用帆线或胶带将各股绳头扎好,再将各绳股松开。将松开的绳头分成左、中、右股,把心环的绳槽套在绳头上,使心环的开口一侧与左股根部对齐,将绳头按逆时针方向弯成绳环,并保持绳环内缘紧贴着槽底,在心环开口处的一侧槽底所对准的根股上做好记号,作为左股的插入位置;将心环暂时取出待用。

(2)插法

①起头

用木笔将做上记号的根股挑开,取左股从右向左插入,并稍收紧。木笔从左股右边挑开左股绳头压住的左边根股,取中股从右向左插入。将心环套入绳环,使其开口紧靠左股根部,再将左股横向收紧,中股与绳根成45°收紧。将绳环嵌入绳槽,绳环内缘紧贴槽底,心环开口与绳干中心线重合,然后将眼环翻转180°。用木笔从中股右边挑开被左股插过的根股,右股从右向左插入收紧。再用木笔从右股右边挑开右股右边根股,将左股从右向左插入收紧,起头完成。注意开股时,木笔应从右向左插入。调整各绳股,使绳环内缘紧贴槽底,心环开口与绳干中心线重合;眼环嵌配紧凑、平顺;各绳股受力均匀。起头时,左股插两次,第一次绳股横穿心环开口,起固定心环的作用。

②插股

任取一股为第 1 股,按照前面介绍的插股方法,依次将各股插完三花。

③收尾

可根据缆绳使用的要求,参照眼环插接的收尾方法进行收尾,如图 3-3-5 所示。具体操作可见视频九。

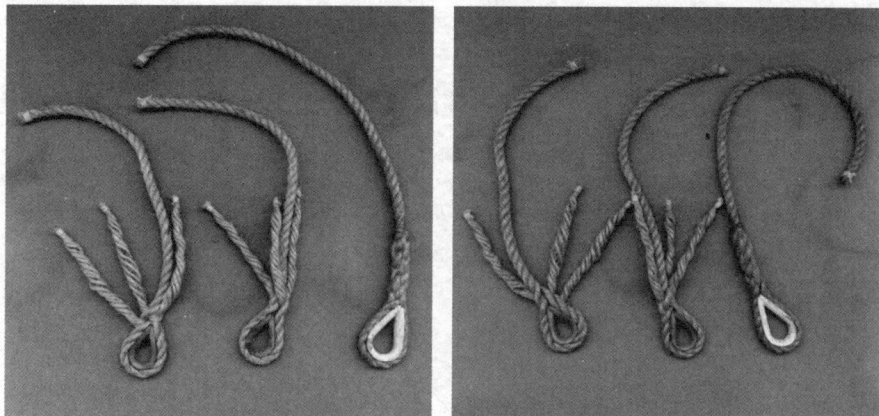

视频九

(a)正面   (b)反面

图 3-3-5 带心环眼环插接正反示意图

第四节 八股化纤缆插接

一、化纤缆插接工具

化纤缆插接工具包括电烙铁、木槌、木笔、剪刀、帆线、胶带、油麻绳等,如图 3-4-1 所示。

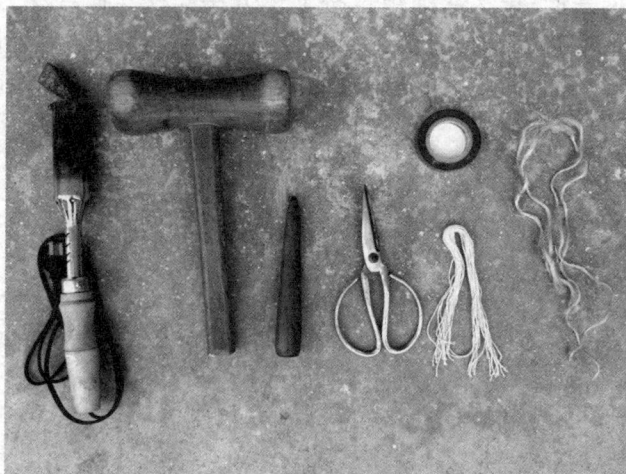

图 3-4-1 化纤缆插接工具

二、插接前的准备工作

将缆绳自绳端处散开,长度为缆绳周长的 6 倍,将散开的绳头用胶带缠紧并用烙铁烫成圆锥形便于穿插,将散开绳股的根部用油麻绳缠紧,防止松散。

三、安全操作注意事项

(1)插接前必须做好各项准备工作。

(2)必须穿好工作服,不允许赤膊作业。

(3)正确使用木笔、木槌,防止工伤。敲打木笔时要防止槌头脱落伤人,尤其是两人合作操作时,应成"T"字形站立。

(4)使用电烙铁时,应严格执行有关用电规定。

(5)整理场地,做好清洁卫生工作。

四、化纤缆双股插眼环插接

1.用途

化纤缆双股插眼环插接用于船上制作带缆眼环。

2.插法

量好眼环的大小和下笔的位置并做一个记号。带缆眼环的周长一般为 4~5 m。把绳头放在绳干右侧,找出左搓压右搓绳股,左搓绳分为第 1 绳组和第 2 绳组,右搓绳分为第 3 绳组和第 4 绳组;第 2 绳组在上、第 3 绳组在下。

把 1、2 绳组压在被插缆绳与 1、2 绳组搓向一致的绳股上穿过,如图 3-4-2(a)所示;再把 3、4 绳组压在被插缆绳与 3、4 绳组搓向一致的绳股上穿过,也就是"左搓顺左搓,右搓顺右搓"插法,如图 3-4-2(b)所示;将各组收紧敲平,起头结束。

插花时,第 1 绳组沿其下面的被插缆绳走向一致向前插一股,再将第 3 绳组沿其下面的被插缆绳走向一致向前插一股;第 2、4 绳组也按上述方法同样穿插一次,才算插完一花,如图 3-4-2(c)所示。各绳组再插二花,便完成了三花的插接。用木槌将插接处敲打平整、服帖,将相邻两根索股用胶布缠紧,剪齐熨平即可,如图 3-4-2(d)所示。具体操作可见视频十。

视频十

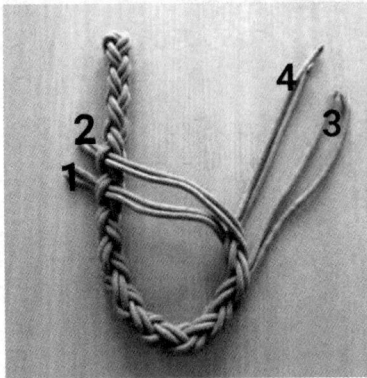

(a)   (b)

（c）　　　　　　　　　　　　　（d）

图 3-4-2　化纤缆双股插眼环插接

五、化纤缆单股插眼环插接

1. 用途

化纤缆单股插眼环插接在船上作系缆眼环用。

2. 插法

起头准备工作与上述同。

把绳头放在绳干右侧,找出右搓压左搓绳股,左搓绳分为第 2 绳组和第 3 绳组,右搓绳分为第 1 绳组和第 4 绳组;第 1 绳组在上、第 3 绳组在下,将第 1 绳组从右向左穿过绳干右搓绳股的下方,将第 2 绳组从左向右穿过绳干左搓绳股的下方,第 2 绳组与第 1 绳组相对而出,如图 3-4-3（a）所示;将第 3 绳组从右向左穿过绳干上第 2 绳组左侧的右搓绳股的下方,如图 3-4-3（b）所示;把绳干翻转 180°,将第 4 绳组从左向右穿过绳干上第 1 绳组右侧的左搓绳股的下方,第 3 绳组与第 4 绳组相对而出,如图 3-4-3（c）所示;将各组收紧敲平,起头结束。

插花时,将每组的两股分开,顺着与本组插过的绳干上的相同平行股的相同走向,分别插完三花后,用木槌将插接处敲打平整、服帖,将相邻两根索股用胶布缠紧,剪齐熨平即可,如图 3-4-3（d）所示。具体操作可见视频十一。

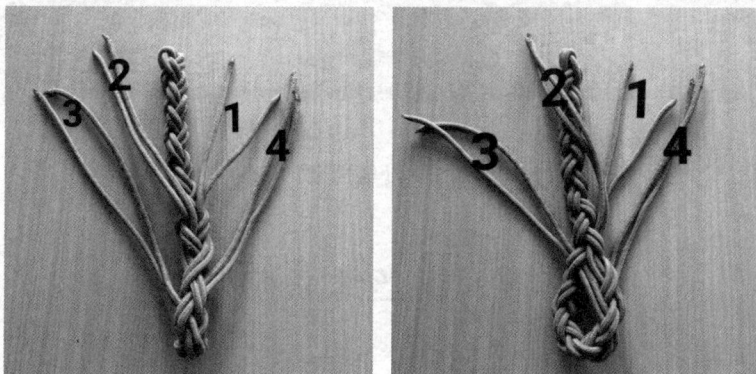

（a）　　　　　　　　　　　　　（b）

视频十一

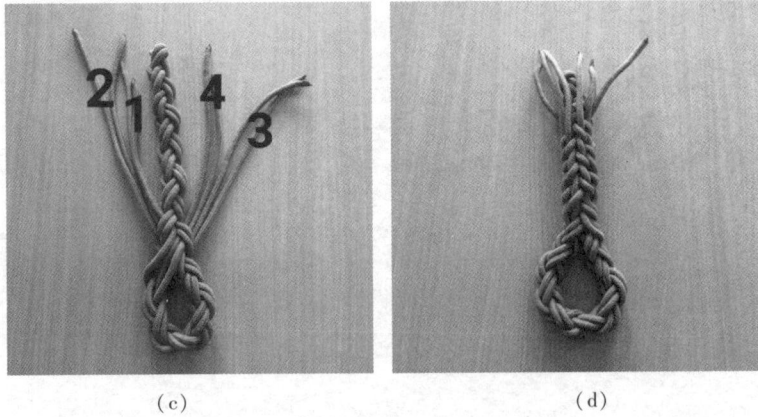

图 3-4-3　化纤缆单股插眼环插接

六、对插接(短插接)

1.用途

对插接(短插接)可使两根同样粗细的化纤缆绳相接,目前在船舶上很少使用。

2.插法

将两根化纤缆绳头散开,按照左搓压右搓各分为四组,如图 3-4-4(a)所示。将两边共八组分别对应相交接合在一起。两边分别收紧,使接合部位紧密衔接。可先用油麻绳扎紧插接绳和被插接绳,防止两缆绳的接合部松开,如图 3-4-4(b)所示。

完成上述起头工作后,用双股眼环插接的方法,每边依次各插三花并补齐,以求整齐、美观。三花插完后依次收紧,用木槌敲平即成,如图 3-4-4(c)所示。

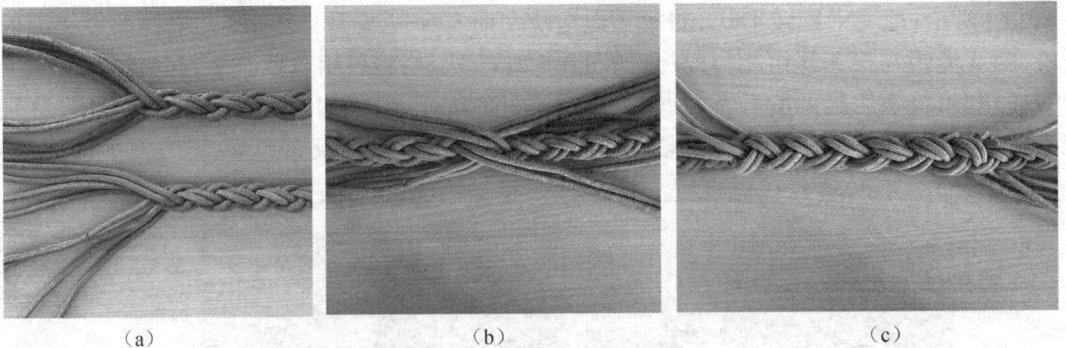

图 3-4-4　对插接(短插接)

第五节　钢丝绳插接

钢丝绳插接是船上一项经常性的工作。插接的方法有很多,操作过程比较复杂,技术要求比较高,不但要求插得牢固紧凑、平整美观,而且还要插得熟练,以提高工作效率。

一、插接时所需的工具和物料等

1. 插接工具

钢丝绳插接工具如图 3-5-1 所示。

图 3-5-1　钢丝绳插接工具

（1）铁笔两支,最好是一圆一扁；

（2）奶头锤一把；

（3）液压钢丝绳切断器一台或錾斧和大锤各一把；

（4）钢丝剪一把；

（5）卷尺或木尺一把；

（6）专用木凳一条；

（7）剪刀一把。

2. 物料

物料包括油麻绳、棉帆线、棉纱头或破布,以及嵌环等。

3. 防护用品

防护用品包括平光防护眼镜、皮手套等。

二、钢丝绳插接时的注意事项

（1）截断钢丝绳之前,应在截断处两侧 10～15 cm 的位置,用油麻绳或索条扎牢,以防钢丝绳截断后绳股自行散开无法复原。

（2）截断钢丝绳时,必须戴上防护眼镜,以防钢丝绳断丝弹出击伤眼睛。

（3）使用錾斧时,持斧者与抡锤者不可相对站立操作,应站成"T"字形,应拿稳錾斧,敲锤时要敲准,同时应注意周围的安全。

（4）使用液压钢丝绳切断器时应按规程操作。钢丝绳切断处应无沙砾附着,以免损伤刀片。

（5）插接前各索股的绳头,应用棉帆线扎牢;松开的索股要用棉纱头或破布将油脂揩净。

（6）剖开绳股时要拿稳铁笔,姿势要正确,用力应得当,以免铁笔滑脱刺伤身体;同时避免刺破油麻芯和绳股。

（7）各索股第一次插入后必须收紧、敲顺,以免各股受力不均影响牢固和美观。

（8）在插接过程中,各索股绳头一旦散开,应立即将其复原,并用棉帆线扎好,以免妨碍穿插或刮伤手脚。

（9）绳头的油麻芯若要绞入绳股中间,应保持各索股间隙匀称,避免油麻芯外露吸潮而腐蚀钢丝和影响美观。

三、插接方法

（一）三种起头法

1.“二四”起头法

“二四”起头法常用于带缆眼环和吊货索眼环插接。

利用铁笔先剖开股缝,选排好1~4索股后,将1~4索股从同一股缝插入,依次隔一根股穿出,使四股同孔进、异孔出,如图3-5-2所示。

图 3-5-2 “二四”起头法

2.“三三”起头法

“三三”起头法常用于支索、稳索的带心环眼环插接,也可用于其他眼环插接。

利用铁笔先撬开股缝,选排好1~3索股后,将1~3索股从同一股缝插入,依次隔一根股穿出,使三股同孔进、异孔出,如图3-5-3所示。

图 3-5-3 "三三"起头法

3."一五"起头法

"一五"起头法常用在同一规格的两绳相接,即短插接。

利用铁笔先撬开股缝,选排好 1~5 索股后,将 1~5 索股从同一股缝插入,依次隔一根股穿出,使五股同孔进、异孔出,如图 3-5-4 所示。

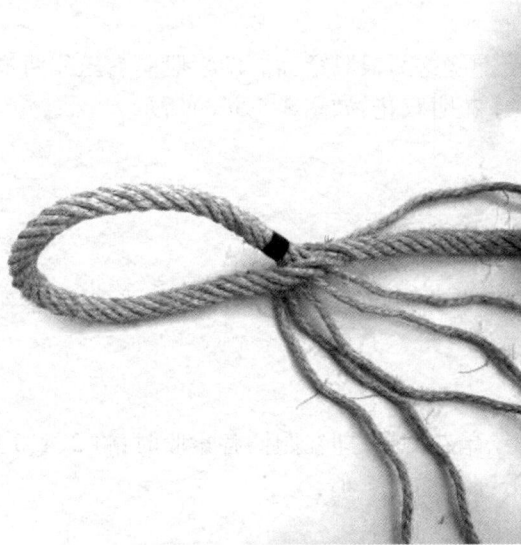

图 3-5-4 "一五"起头法

(二)三种插股法

船上所用的钢丝绳大多为六股右搓绳,如图 3-5-5 所示为常用的三种插股法平面展开示意图。

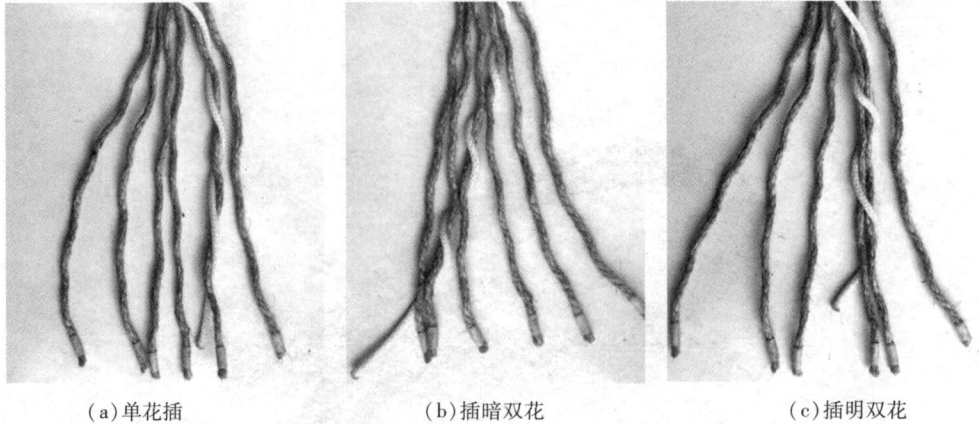

(a)单花插　　　　　　　　　(b)插暗双花　　　　　　　　　(c)插明双花

图 3-5-5　常用的三种插股法

1. 单花插

单花插又名单花跑插。插接起头后,每一根索股固定绕同一根股插,每绕一次为插一花。单花插也可采用跑插的方式,其特点是插接速度快,且较省力,如图 3-5-5(a)所示。

2. 插暗双花

每根索股每插一花,都是向右压一根股后,从该根股下面向左穿过两根股。从插第二花起,每插一次向左移一根股,如图 3-5-5(b)所示。

3. 插明双花

每根索股起头后,固定围绕这两根股穿插。即索股向右压住两根股后,再从这两根股下面向左穿出。绕一次就叫插一花明双花,如图 3-5-5(c)所示。

(三)几种收尾方法

1. 暗双花收尾

暗双花收尾适用于插明双花后的收尾。

当各股插完三花后,不再插 1、3、5 索股;只将 2、4、6 索股各插一次暗双花,使插接部分绳径逐渐缩小。

2. 单花跑插收尾

单花跑插收尾仅适用于单花跑插,即在跑插各索股时,将 2、4、6 三根索股比 1、3、5 三根索股多跑插一花,使插接部分绳径逐渐缩小。

3. 反插收尾

反插收尾适用于吊货钢丝绳两端眼环插接收尾。其特点是各股绳头能相互抑制。即使钢丝绳在吊货悬空中出现扭转也不易从插接处松脱。

反插收尾方法:各索股插完最后一花后,按绳头排列的相反顺序,各股依次反插一花;即从第 6 股开始反插,各索股应反绳股搓向,向右压一根股,插入右边的第 2、3 根股并收紧;最后一股反插时,应插在前一索股和最先收尾的索股之间。

四、钢丝绳插接实例

(一)丈量钢丝绳

以制作桅支索为例,介绍钢丝绳长度的丈量方法。

首先应按照桅支索两固定点间的距离,来确定插接后支索的净长度,净长度应量取插接后两个眼环顶端的钢丝绳内缘之间的长度;再根据净长度和钢丝绳插接需要的长度计算出钢丝绳的总长度,即毛长度;然后按照毛长度来丈量和截取钢丝绳,以保证插接后的支索能适合使用的要求,并可避免浪费物料。

如图 3-5-6 所示,净长度为 12 m,每个眼环的周长是 0.4 m,每个绳头松开的长度为 0.6 m,所需的钢丝绳长度可由下式求出:

$$L=i+c+2x=12+0.4+2\times0.6=13.6(\text{m})$$

式中:L——毛长度;

$\quad i$——净长度;

$\quad c$——眼环的周长;

$\quad x$——松开绳头的长度。

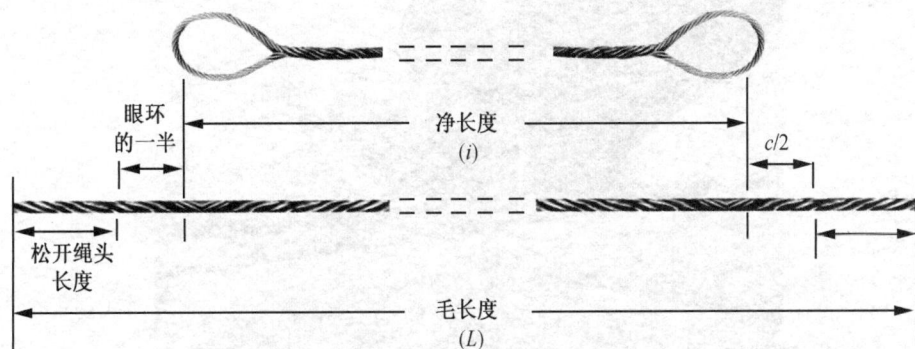

图 3-5-6 丈量钢丝绳

(二)"二四"起头双花插眼环插接

1.用途

制作吊货索或带缆的眼环等多用这种插法。

2.插法

(1)准备工作

在距绳端 8 倍钢丝绳的周长处,用油麻绳或索条扎牢;用棉帆线将各索股的绳头扎牢;松开绳头各索股,剪去绳头中的油麻芯,揩净各索股的油脂;丈量眼环所需的绳段,并做上记号。

(2)起头

用铁笔从做记号处剖股,按照"二四"起头的方法和要求,将第 1~4 索股插入、收紧、敲实,如图 3-5-7 所示。

图 3-5-7　起头

（3）插股

铁笔从第 4 索股下方插入同一股缝，挑开右边的两根股；将第 5 索股从与笔尖相对的方向插入股缝收紧。使第 5 索股与第 4 索股异孔进、同孔出，4 上 5 下，如图 3-5-8 所示。

图 3-5-8　插股一

铁笔从第 4 索股和第 5 索股穿出的右侧股缝插入，挑开右边两根股，即向右隔一股挑开两股；将第 6 股从与笔尖相对的方向插入、收紧、敲实，如图 3-5-9 所示。

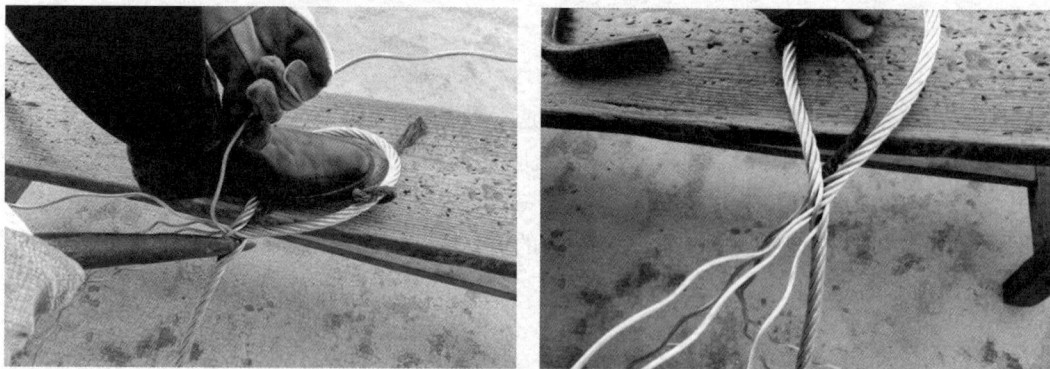

图 3-5-9　插股二

接着铁笔按照从前一索股穿出的股缝,"向右隔一股挑开两股"的方法剖股,依次将第1~4索股各插一次暗双花。

紧接着,按照上述的剖股和插股方法继续插股,从第5股第二次插入后就自然过渡为明双花,将各索股依次插完两次明双花,如图3-5-10所示。

图3-5-10 插股三

(4)暗双花收尾

各索股插完两次明双花后,从眼环往绳根方向,各索股排列顺序是5、6、1、2、3、4。收尾时依次将6、2、4索股,各插一次暗双花,如图3-5-11所示。

图3-5-11 暗双花收尾

(5)敲实去余尾

用铁锤将插接部位敲实、敲顺是一道重要的工序,它能保证钢丝绳插接质量。先从起头部位开始,顺着绳股走向,边敲边转动眼环;敲打时,绳股要垫牢,掌握好力度和方向,不能损伤绳股;一直敲到收尾结束位置。

最后用钢丝剪从紧贴绳根处将各索股剪断,再用铁锤将断口敲平至不刺手为止。如图3-5-12 所示为去余尾。具体操作可见视频十二。

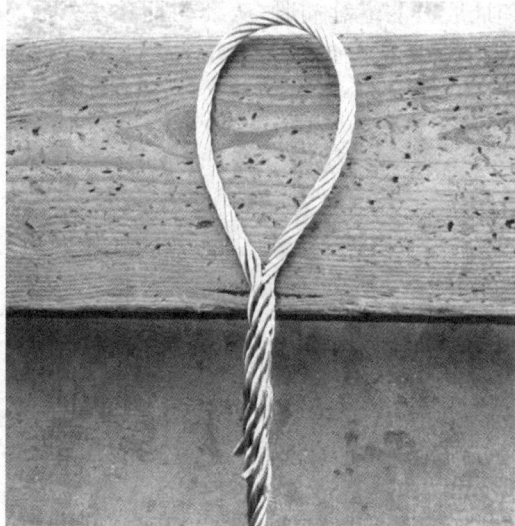

图 3-5-12　去余尾

(三)"三三"起头单花跑插眼环插接

1. 用途

"三三"起头单花跑插眼环插接用于插支索和带缆眼环等。

2. 插法

(1)准备工作

插接前的准备工作与前述相同。若进行嵌配心环,应先选配好嵌环,备妥夹绳器等器材。

(2)起头

按照"三三"起头方法,将第 1~3 索股插入收紧,如图3-5-13 所示。若嵌配心环,则将心环置入绳环后利用夹绳器夹住逐渐收紧,使绳环内缘紧贴在心环内槽上。

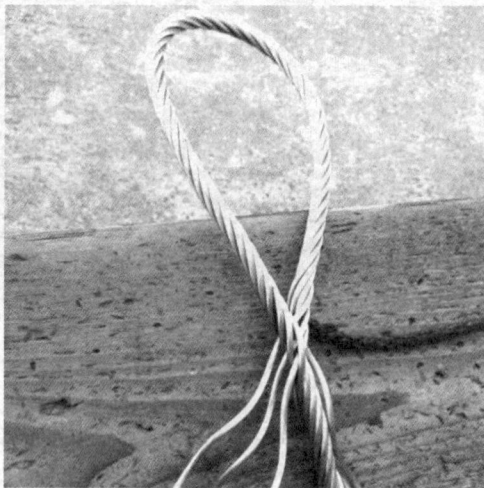

图 3-5-13　起头

（3）跑插与收尾

铁笔从第3索股右下侧插入，挑开第3索股所插的根股，左手拉住第3索股，按照前述的跑插、插股、回笔和收紧索股的方法将第3索股连续跑插4花，如图3-5-14(a)所示。将第2索股连续跑插5花，将第1索股连续跑插4花，如图3-5-14(b)所示。若要将绳芯绞入绳根中，应在跑插第4索股前进行。绞进方法如下：

先将绳芯剪剩15~20 cm，并用棉帆线扎成锥形；用铁笔从第3索股起头时插入的股缝插入，挑开右边没有插过索股的两根股；然后将绳芯顺着股缝拉紧，转动铁笔将绳芯压牢，使绳芯进入绳缝中，转动铁笔顺着股缝走向将绳芯挤压到绳股中，直到整段绳芯全绞进后再退出铁笔，如图3-5-14(c)所示。

然后第4索股跑插5花，第5索股跑插4花，第6索股跑插5花。

（4）敲实后去余尾

用铁锤将插接部位敲实、敲顺，剪去余尾；将断口敲平至不刺手为止，如图3-5-14(d)所示。具体操作可见视频十三。

视频十三

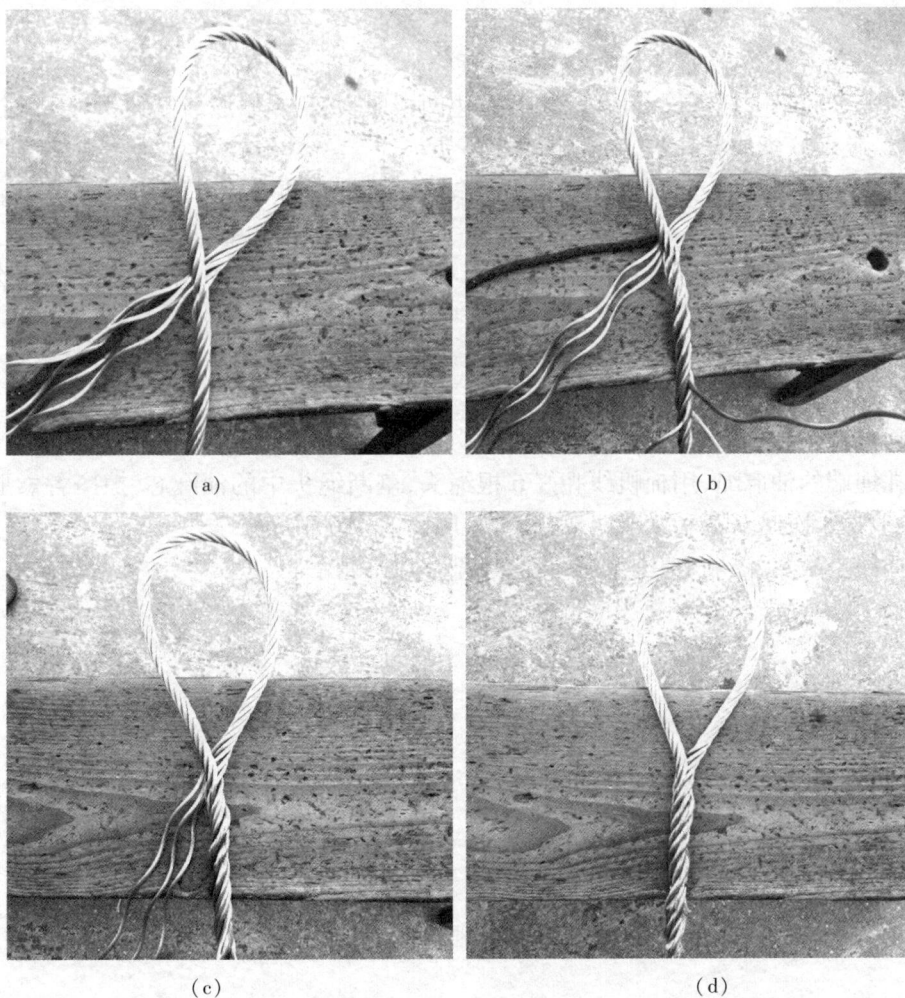

(a)　　　　(b)

(c)　　　　(d)

图3-5-14　跑插与收尾

(四)"一五"起头双花短插接

1. 用途

"一五"起头双花短插接用于连接两根相同规格的钢丝绳;插接后,插接部位绳径增大,不能用作辘绳。这种插接目前在船上很少使用,仅做介绍。

2. 插法

(1)准备工作

将两根钢丝绳的绳头相对排列,将一根钢丝绳距绳端8倍周长处,用油麻绳扎牢;各股绳头用棉帆线扎牢;将各索股松开,剖去绳头中的绳芯,擦净各索股的油脂。另一根钢丝绳只用油麻绳将绳端扎牢,防其松散。

(2)"一五"起头

按照"一五"起头方法,用铁笔挑开根股,将1、2、3、4、5五根索股依次从同一股缝插入,异缝穿出并收紧。

(3)插股

从第6股起,各股依次插1次暗双花、2次明双花。

铁笔从第5股下方插入同一股缝,挑开右边两根股,将第6索股与笔尖相对插入挑开的股缝,并收紧。使5、6索股异孔进、同孔出,5上6下。

接着用铁笔按照从前一索股穿出的股,向右隔一股挑开两股的方法,依次将第1、2、3、4、5各索股插1次暗双花。

从第6索股插第二次起就自然过渡为明双花。铁笔剖股方法不变,各索股应依次插2次明双花。

(4)收尾

将第1、3、5三根索股各插1次暗双花。

(5)另一端的插法

松开扎绳端的油麻绳,用棉帆线扎好6根绳头,割断绳头中的油麻芯,擦净各索股的油脂后,将各索股插1次暗双花和2次明双花后,收尾插2、4、6索股。

将两插接处敲实、敲顺、剪去余尾,将断口敲平至不刺手。

第四章

水手值班工作

第一节　船舶值班制度

船舶无论航行或停泊,均须昼夜不间断地值班。

(1)在航行中,每班值 4 h:

大副、大管轮值:0400—0800,1600—2000 班;

二副、二管轮值:0000—0400,1200—1600 班;

三副、三管轮值:0800—1200,2000—2400 班。

驾驶员值班时,每班两名一级水手(大型海船)。使用自动舵时,在不影响安全航行的原则下,白天可以抽出一名水手参加保养工作。轮机员值班时,每班有一名轮助、一名机匠同时值班。

(2)进出港、移泊、通过狭窄航道或在其他复杂的条件下航行时,船长应到驾驶台指挥,轮机长应到机舱指导值班人员操作,电机员应值守主配电板。

(3)停泊时驾驶员值昼夜班,每班不超过 12 h,在有驾驶助理的船上,由二副、三副、驾驶助理轮流值班;每班两名水手(其中至少有一名一级水手),值班 4 h。轮机部由大管轮、二管轮、三管轮轮流值班,每人一昼夜,每天上午八点交接班。机匠值辅机班,每班一名,值班 4 h。

(4)在环抱式港内停泊时,留船值班人员不得少于全船船员的 1/3,在开敞式港内,则不得少于 2/3。遇有特殊情况,船长和政委(若有)有权临时规定留船值班人员。一般情况下,船长和大副、轮机长和大管轮、水手长和木匠不能同时离船。

(5)值班人员不得擅自离开工作岗位,不得做与值班无关的事。在驾驶台和机舱值班应严肃认真,不得坐着。一般船员如因故不能值班时,必须得到本部门领导的同意,并指定适当的人代替。

(6)交接班必须在工作岗位上进行,接班人员没有到,交班人员不能走开,只有交接清楚之后才能离岗。如果接班的人没有按时接班,交班人应向本部门领导或船长、政委报告,区别情况,严肃处理。

第二节 水手值班工作内容

一、开航前

(1)开航前2 h,值班一级水手应到驾驶台做准备工作:

①清洁驾驶台内外;

②解除罗经罩盖及信号灯罩;

③准备信号旗及其他信号,如船名旗、引航旗以及港口规定的有关信号旗或掉头信号等,并按驾驶员指示悬挂。

(2)随同值班驾驶员试验舵机,要在得到舵机间驾驶员的通知后才可扳动舵轮,要注意舵角指示器和舵轮方向是否一致,左右满舵要扳足;如果操舵装置是液压的,还应提前检查油量是否足够,否则应及时补油。

(3)通知甲板部人员准备开船,在已无人员上下的情况下收进舷梯并固定好;准备好接送引航员软梯、照明灯及救生圈。

(4)离码头前看准船首尾吃水并报告驾驶员。

(5)试车前应到船尾察看周围是否清爽,通知船尾附近艇筏及早远离。

(6)做好拖船的带缆和解缆工作。

(7)驾驶员交代的其他工作。

二、驾驶台航行值班

驾驶台航行值班的水手,每班两人轮流操舵,应熟悉下列各项工作:

(1)操舵时应集中精力按规定航向、口令正确操舵,保持航向准确,不得离开舵轮,如发现舵效不好,应及时报告驾驶人员。

(2)操舵时对船长、驾驶员或引航员所下达的舵令必须复诵。如对舵令不清或有怀疑,应立即询问清楚,然后执行。

(3)在进出港、狭水道、夜间或能见度不良等情况下航行时,副班水手要协助瞭望、监舵、监车,未经驾驶员同意,不得擅离驾驶台。

(4)使用自动舵航行时,要密切注意舵的正确性,如发现失常,应立即改用手操舵并报告驾驶员。在通航密度大的狭水道、渔区航行或进行避让操纵时,应提早将自动舵改为手操舵,以便安全避让各类船舶,及时提醒驾驶员注意。

(5)熟知航行灯和信号灯的电源及转换开关所在,日落及能见度不良时开启,日出时关闭,并经常检查其显示是否正常。注意驾驶台附近不应有其他灯光外露。

(6)熟悉驾驶台上的各种设备及用途,尤其是旗号、救生设备、消防设备的存放地点。

(7)在0400—0800班中,副班水手在未协助瞭望的情况下,应做好驾驶台内外的清洁工作;0800—1200班与1200—1600班应按照大副的布置,做些驾驶台的保养工作;使用自动舵时,可参加甲板部的保养工作。

(8)整理驾驶台的物件,使驾驶台经常保持清洁、整齐。

(9)下雨时,把标准罗经罩及时罩妥。

(10)注意来往船舶及停泊或相遇的海军舰艇,根据规定及时回旗或下旗致敬。

(11)抵达目的港引航锚地时,必须看准首尾吃水并报告值班驾驶员。

三、航行值班交接舵及交接班注意事项

(1)正在进行避让、转向或舵未把定时,不应进行交接舵;交接舵之后,双方都应把航向报告值班驾驶员或船长。

(2)在交接班前半小时,副班水手负责叫醒接班人员,交班的副班水手应会同接班的副班水手于交班前巡视甲板舱口、风斗、水密门、航行灯等。

(3)交接班事项:

①陀螺罗经、磁罗经航向;

②舵(或自动舵)的工作情况;

③海面情况及瞭头人员姓名;

④货舱通风、甲板货及安全防火巡视检查情况;

⑤进出港准备工作,例如引航梯、旗号、信号等;

⑥航行灯及悬挂的灯号、信号情况;

⑦值班驾驶员和水手长交代的工作及提醒下一班注意的事项。

四、停泊值班

(1)要坚守舷梯岗位,经常注意调整舷梯高低并系好安全网,因为舷梯是船岸间的唯一交通要道,保持梯口整洁,注意上下船人员安全。加强责任心,对来访者必须问清情况,才能带领其会见被访人员,不准无关人员登船。

(2)按时升降旗、开关灯、收放货舱照明灯。随时整理甲板索具,保持通路安全。根据值班驾驶员的指示,悬挂信号、灯号,或对航经舰、船回旗敬礼。

(3)注意潮水涨落和船舶装卸货时的吃水变化情况,及时调整系泊缆绳、挡水板、防鼠挡及碰垫等。松缆时要注意:

①不要一次松出太多,可分多次松放;

②松前应察看缆绳有无障碍及对舷梯或船岸间的安全网有无影响;

③短的缆先松,长的缆后松,保险缆最后松;

④系浮筒先松下游缆,如缆被他船系缆压死或有其他障碍,应及时报告值班驾驶员;

⑤系浮筒的回头缆应当比其他的缆多松一些;

⑥风流太大时,应当两三人同时松缆,或报告值班驾驶员到现场指挥松缆。

(4)配合装卸货,及时安全地开关舱,挂好舱盖保险钩,拆装中间甲板四周的安全活动栏杆,调整好吊杆,固定好稳索,对大梁和舱盖板应放置稳妥。

(5)经常察看吊货索具及起货设备是否正常,发现问题(如吊货钢丝损耗过度)或当货物及属具受损坏时,应立即报告值班驾驶员,并严格制止工人违章操作。

(6)认真进行安全防火巡视检查,尤其在夜间应多加注意,发现火警或其他意外危险情况时,应立即报警并采取紧急有效的灭火措施。严禁在货舱内及货舱口附近吸烟。

(7)经常注意本船四周尤其是船尾车叶的安全,禁止与本船无业务关系的船来靠。有关

船舶靠离时,应协助带缆、解缆,放好碰垫和梯子。有大船在前后靠离码头或系离浮筒时,应先报告值班驾驶员并注意缆绳情况。

(8)加载淡水、燃油或打压载水时,应加强值班,提高警惕。协助看管、点收甲板物料,保管来往信件。

(9)系浮筒时,应在舷梯旁备妥配有绳索的救生圈一个。夜间无装卸作业又无人上下船时,可将舷梯升高。

(10)认真执行船长、政委和值班驾驶员交代的工作。

五、停泊中交接班应注意事项

(1)舷梯值班注意事项及上下船人员情况。
(2)锚和锚链、涨落水掉头或系泊缆绳及属具情况。
(3)锚灯、号灯、甲板和货舱照明灯等情况。
(4)装卸货使用的吊杆、吊货索具及开工舱口情况。
(5)安全防火及有关要求。
(6)悬挂的旗号、信号及船舶周围情况。
(7)本班发生的重大问题及提醒下一班注意的事项。
(8)值班驾驶员和水手长交代的工作。

六、瞭头

在天气恶劣能见度不良的情况下,或在通航密度大的狭水道、运河或港内航行时,为了做好应变抛锚的准备,应有人在船头加强守听、瞭望,此工作简称为瞭头。瞭头由水手长、木匠、水手轮流担任,名单由水手长编排,经大副同意后实行。能见度不良时的瞭头一般由二级水手轮流担任,每2 h为一更,每更一人,由副班一级水手在每更15 min前叫班。瞭头的主要任务:注视船头方向及左右两舷的海面情况(灯光、声音、回声、船影、陆地、漂浮物及其他航行障碍物等),供驾驶台及时采取正确的避让措施。瞭头开始前驾驶员应将当时的航区情况及注意事项交代清楚。瞭头应在船头坚守岗位,全神贯注地进行瞭望,发现情况及时正确地用电话或无线电对讲机向驾驶台报告,或用敲钟的方式引起人们的注意。有情况在右前方者敲一下,在左前方者敲两下,在正前方者敲三下,驾驶台用口哨或手电闪光回答,表示已经听到。瞭头的交接班应在船头进行。交班者必须向接班者讲清当时海面的情况及驾驶员交代的事项。交接完毕后应到驾驶台报告,得到同意后方可离去。

第三节　舷梯

舷梯是船员及其他人员上下船舶的通道。它通常用于船靠泊(锚泊)时,人员登、离码头或上、下小艇。

一、舷梯的结构

舷梯有两根夹板,中间安装梯阶(俗称踏板),梯的两端装置小平台,因船舷高度不同,舷梯是由 2~3 节接成的,有的节与节相交处还设有转角小平台。

沿舷梯两边和上、下平台外缘安装有高约 1 m 的金属支柱,柱与柱之间以作为扶手的绳索或细索链连接。

上平台的里边用铰链固定在船壳上,如图 4-3-1 所示。

有的舷梯的支柱用铰链安装在夹板上,支柱在铰链上折转就可以沿夹板放倒或竖立起来。

图 4-3-1 舷梯

1. 松放舷梯

(1)接通电源;

(2)检查船舷外有无障碍物,吊臂、滑轮、钢丝绳是否活络及损伤;

(3)将旋转盘下撑挡放妥,操纵控制器按钮,稍稍收紧吊梯钢丝绳,松开所有的固梯钩,然后慢慢松出钢丝绳,将梯子放平;

(4)竖起支柱或插好支柱;

(5)两边扶手安装完后,将梯子的下平台放到一定角度,插妥横销,使梯子放妥后,下平台放平便于人员上下舷梯,然后穿妥扶手索;

(6)船系浮筒时,应先将安全网系妥;靠码头时,应在梯子放妥后装安全网;

(7)一人指挥、一人操纵控制器,将舷梯松放到适当位置,插上保险销,将电源关掉,收好控制器,将扶手索系妥;

(8)调整好吊梯索,使其不妨碍人员上下舷梯;

(9)检查梯口的救生圈是否符合要求。

2. 回收舷梯

(1)将电源接通,拔下保险销,检查梯子附近有无障碍物,回收舷梯是否会威胁他人安全,后将舷梯绞平,卸下安全网;

(2)将下平台横销拔出,将其放平,插上横销,收回扶手索,将支柱放平或拔下;

(3)慢慢将舷梯绞近;

(4)舷梯到位,将所有的固梯钩挂好后,收紧;

(5)切断电源,整理附件收妥。

二、使用舷梯时应注意的事项

(1)开航或移泊前,试车时应先将舷梯绞起一些,以防进、倒车时船舶移动,挤扭坏舷梯。

(2)舷梯、梯绳和踏板应经常保持清洁,各金属部分如支柱、锁链、梯阶、滑车、平台、钢丝绳应经常除锈和油漆或涂钢丝油。滑轮、铰链等部位应经常加油润滑。

(3)在舷梯与船舷之间要有护舷物,以防舷梯直接接触船舷,造成擦伤。

(4)卸下支柱时,应将支柱沿扶手绳合拼在一起,借索端把它捆好,存放在库房内。

(5)舷梯上不许放置沉重的物品,防止超重、碰击舷梯。

(6)按航行状态吊绑舷梯时,吊柱滑车组务必收拾妥当,吊柱要固定稳妥。

第四节　引航梯

一、引航梯的用途与制作方法

1.引航梯的用途

依据《SOLAS 公约》规定,引航梯应有效地供引航员安全登船和离船,并可在船舶到港或离港过程中供公务人员、其他人员使用。每部引航梯均应备有两根适当系牢于船上的扶手绳,其周长不小于 65 mm。此外,还要有一根安全绳,置于手边以备必要时使用。

2.引航梯制作前的准备

(1)木折尺或卷尺 1 把。

(2)水手刀 1 把。

(3)细油麻绳 1 卷。

(4)小木笔 2 支。

(5)三角铁圈(嵌环或心环)2 只。

(6)踏板若干块(数量按引航梯长短确定)。

踏板应采用硬木或其他没有节疤的等效性质的材料制成,并具有有效的防滑表面;最下面的 4 级踏板可用足够强度和硬度的橡皮或等效特性的其他适当材料制成。踏板的长度不小于 480 mm,宽度不小于 115 mm,厚度不小于 25 mm(不计防滑装置)。各级踏板之间应为等距离,其间距 D 为:300 mm≤D≤380 mm。踏板的系固,要使其保持水平的状态。

(7)白棕绳。

引航梯每边的边绳均应由两根裸露的白棕绳所组成,其周长不小于 60 mm,在顶端踏板之下的每根边绳均应为整根而无接头。

(8)板条若干根。

每根板条均应由整根硬木或其他等效性质材料制成,每根长度不小于 1.8 m。这些板条应安置在固定间隔的位置,以防止引航梯翻转。最低一根板条应装在从梯底数第 5 块踏板上,两根板条之间不得超过 9 块踏板。

3.引航梯的制法

根据船舶空载及满载时的干舷高度,准备梯绳及梯板。把梯绳放在甲板上,其长度取干舷高度的两倍再加 2 m,共取两根,长短一样。把两根梯绳对折起来,两头都要一样长,在对折处用扎绳结扎一有嵌环的琵琶头,如图 4-4-1 所示。

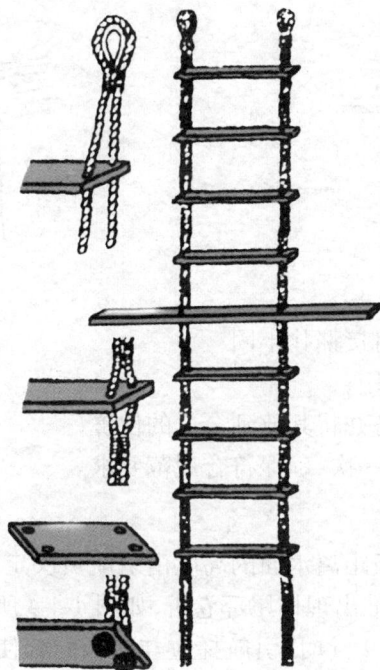

图 4-4-1 引航梯

将两个琵琶头放在一起用力拉伸棕绳,使绳索松劲、平直,从琵琶头端起丈量,每隔 32 ~ 38 cm 的距离画一记号,左右两根绳间隔必须相等。

把梯绳绳头穿过踏板的左右孔洞,将每块踏板分放在梯绳上已画过的记号处,均匀地排列。

在每块踏板的两端使用油麻绳,将每边两根梯绳各用扎绳结用力扎牢。

当所用的踏板扎完之后,在最末的一块踏板底部的 4 个绳头各编个扶索结或者利用 4 个绳头交叉在踏板底部用短插接方法连接起来,4 个绳头连接后必须一样长。

二、引航梯的使用

引航梯应按国际海事组织(IMO)的有关规定使用,以确保引航员及其他人员登、离船时的安全。

1. 准备工作

将引航梯及附属物从收藏处取出,检查配件是否齐全、有无影响安全的损坏;检查梯绳有无霉烂变质,梯板有无腐烂、裂缝,夜间专用照明灯具是否完好,救生圈是否符合有关要求及所有用品是否清洁无油污。

2. 正确安置

(1)根据引航员的要求或船长的命令确定安放位置(左舷或右舷);

(2)固定舷墙入口处扶手栏杆及支柱安装应正确、牢固,如图 4-4-2 所示;

(3)将梯子放出舷外至水面上一定高度,然后把引航梯上端的绳索有效地系固在入口处

舷墙下方的地令或羊角上;

(4)如是卷边船舷,则安装铺平踏板,如图4-4-3所示;

图4-4-2　安装扶手栏杆及支柱

图4-4-3　安装铺平踏板

(5)将下舷墙小梯与入口对接捆扎牢固;

(6)安全绳、吊物绳系牢备用;

(7)晚间应准备好照明设备并将其放到合适的位置;

(8)安放完毕后,应再检查一次,确保符合规范要求。

3.注意事项

(1)引航梯最下面一块踏板距离水面的高度由引航员决定。船上人员应根据引航员的要求调整,梯子下放不能过长,不准出现梯尾部卷折,如图4-4-4所示。

(2)无舷门、干舷高度超过9 m时,引航梯应与舷梯配合使用,以保证引航员及其他人员的安全。引航梯与舷梯应用小绳系牢。

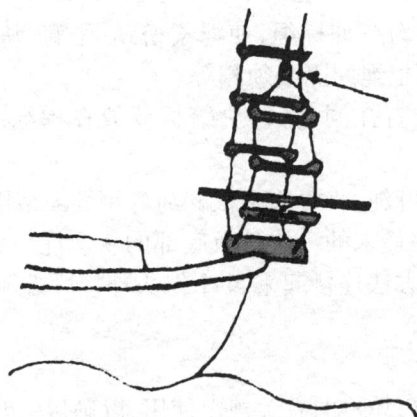

图4-4-4　梯尾部卷折

三、引航梯的收藏保管

(1)引航梯用完后,应检查其是否有被损坏至不符合规范的要求,如有应及时修理;

(2)引航梯如沾有海水,应用淡水冲刷,晾干后收藏在规定的地方;

(3)存放地点应尽可能保持清洁、干燥、通风,避免闷热和烈日暴晒,如图4-4-5所示。

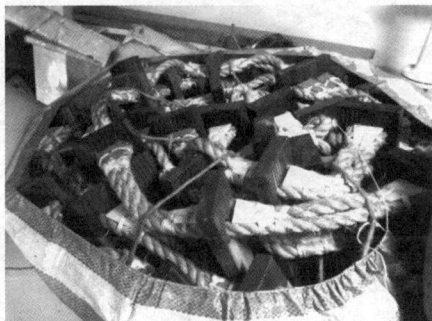

（a）

（b）

图 4-4-5　引航梯的收藏保管

第五章

系离泊作业

第一节　带缆操作

一、撇缆

(一)撇缆绳的用途

在船舶靠码头的过程中,与码头有相当的距离时,就要求尽快地把带缆带到码头缆桩上,利用带缆把船舶绞进靠拢码头。船用带缆都较粗重,不能直接送上码头,所以都采用撇缆绳牵引带缆到码头上。

(二)撇缆绳的结构

撇缆绳多采用直径为6~7 mm的编织化纤绳,长度为40 m左右,如图5-1-1所示。尾端插一眼环,前端插接在撇缆头上,撇缆头的重量为0.35~0.4 kg,可用内有沙袋、外用油麻绳编织而成,或用撇缆绳直接将沙袋编织在内而成,也可用硬橡胶制成。

图 5-1-1　撇缆绳

(三)撒缆的方法

1. 抛投式(船舶式)

把撒缆绳按顺时针方向由尾端开始盘在左手上,盘到一半后用大拇指和食指隔开;再盘后半盘,盘妥后,尾端琵琶头套在左手中指上或手腕上,左手持前半盘,右手握后半盘,撒缆头稍长于撒缆绳圈以防打结。

撒缆时,撒缆者身体左侧对准目标,左脚在前右脚在后,距离稍宽于肩。左右手同时摆动,将撒缆头摆动起来,然后蹬伸右腿,躯干向左转并挺胸,使用全身力量将撒缆投向目标,撒缆抛出右手时,左手应乘势同时送出。在 25 m 距离内都要用这种撒法,如图 5-1-2 所示。具体操作可见视频十四。

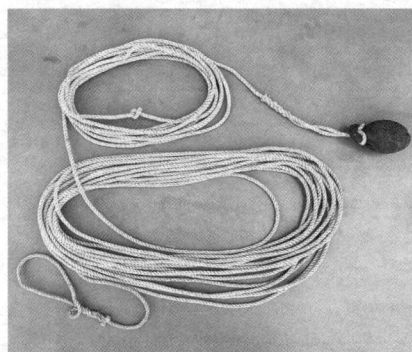

视频十四

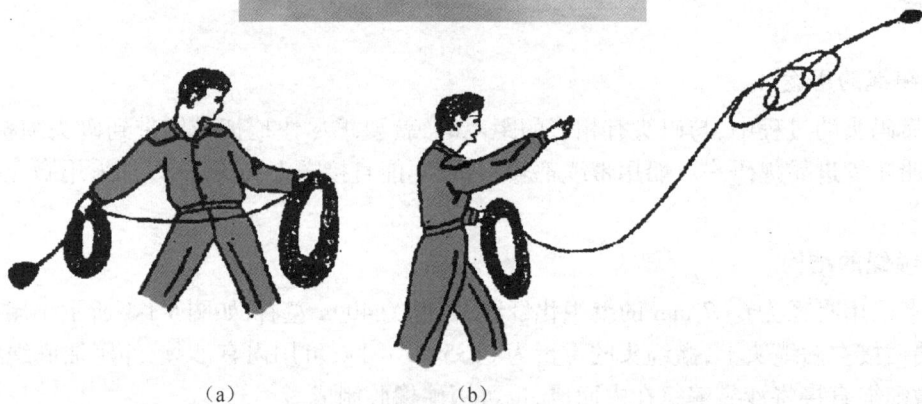

(a)　　　　　　　　　(b)

图 5-1-2　抛投式

2. 旋转式

旋转式是在抛投式的基础上,增加了类似掷铁饼的旋转动作,使撒缆头摆动速度加快,增加撒缆抛出速度,使撒缆撒出更远的距离。

首先把撒缆绳按顺时针方向盘放在左手上;然后在距离撒缆头约 1 m 处折一环状,用撒缆绳在环中部缠两周后,把环套在撒缆上,用食指和中指勾住,尾端眼环套在右手腕上。

在撒出之前,撒缆者身体的右侧对准目标,两脚左右分开,距离稍宽于肩。摆动双臂使撒缆随着摆动,当撒缆摆到身后时,开始右腿蹬伸,以左脚前脚掌为轴,身体形成以左侧为轴的单腿支撑向左旋转,当躯干左侧转到对着目标时(约转 220°),以最大的速度发动全身的力量集中在撒缆上,以 30°方向将撒缆投向目标,如图 5-1-3 所示。具体操作可见视频十五。

视频十五

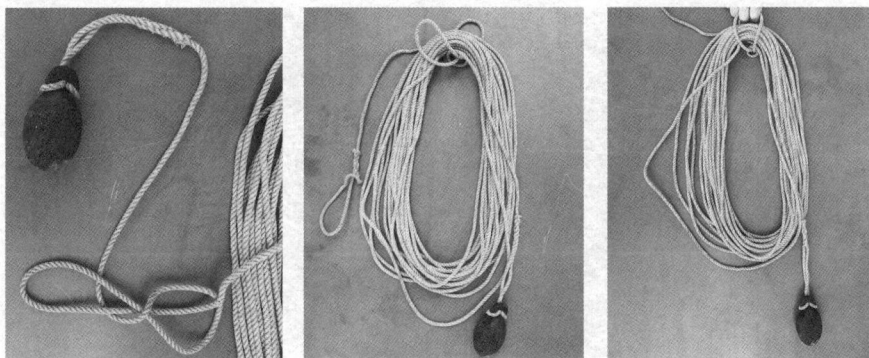

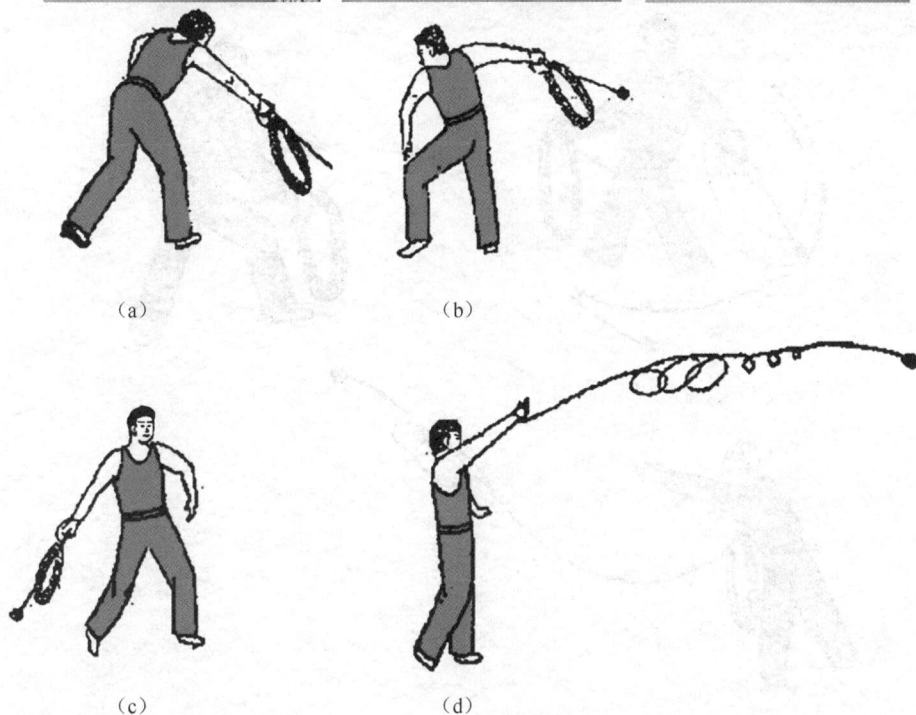

（a）　　　　　　　　　　　　（b）

（c）　　　　　　　　　　　　（d）

图 5-1-3　旋转式

3. 摆动式（码头式）

先将撇缆绳按顺时针方向盘在左手中,盘至一半长度后逐渐缩小盘圈,左手中指扣牢尾端琵琶头,右手持距撇缆头约 0.9 m 处;身体左侧对着目标,左脚在前右脚在后,两脚距离稍大于肩宽,以逆时针方向摆动右臂数次,将撇缆头垂直转动并加速。右脚向前踏一步,身体向左转（约转 160°）;当右臂扬至最高点向下摆动时,从人体前摆过至左侧,撇缆头摆到人体左侧后,摆动右臂向右,用全身的力量将撇缆抛向目标,左手顺势将撇缆绳送出。

这种撇法适宜于宽敞的甲板处,人站的位置距离舷墙或栏杆要远些,以防撇缆头受阻,如图 5-1-4 所示。具体操作可见视频十六。

视频十六

— 97 —

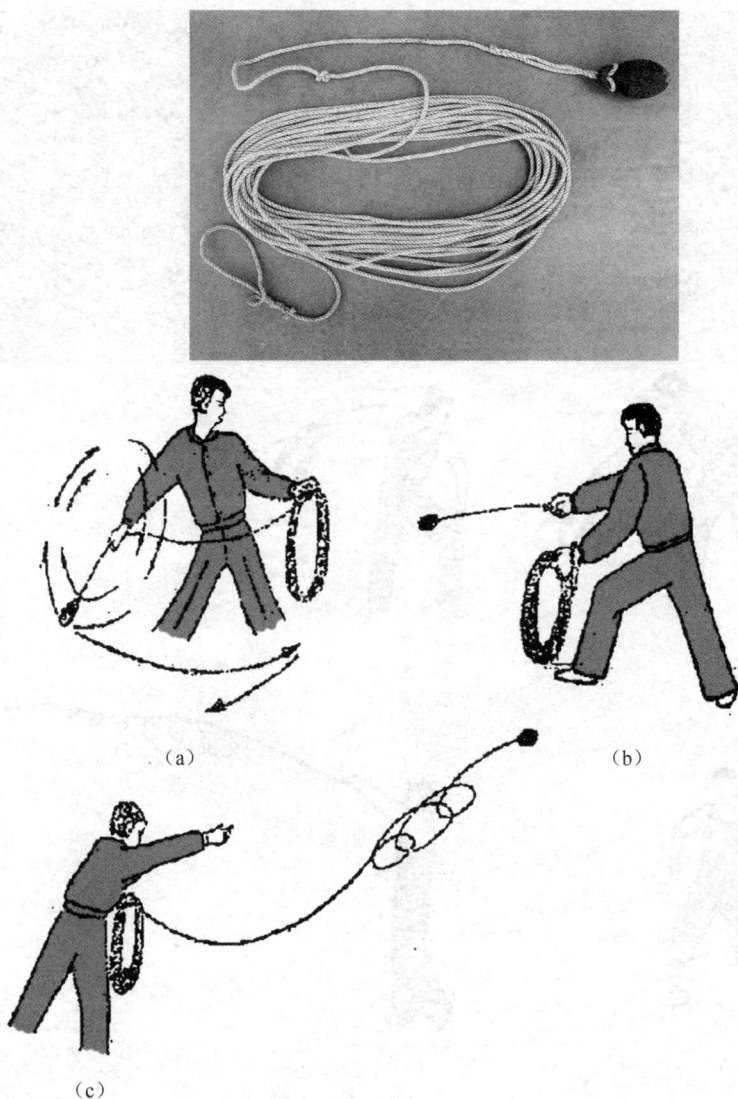

（a）

（b）

（c）

图 5-1-4　摆动式

二、带缆前的准备工作

为了使船舶靠泊顺利、安全、迅速地进行,各项准备工作应提前做好。

1.缆绳的准备

清理带缆场地,揭开缆绳盖罩,根据泊位和天气情况清理系带所需缆绳,并将选定先带的各根缆绳的琵琶头通过导缆孔、导缆钩或其他导缆装置后,折回挂置在舷墙上或放在甲板上。

2.绞缆机械的准备

锚机或绞缆机试转,轴承旋转部位加油润滑,使绞缆机械处于可靠使用状态。在试转蒸汽锚机前,应放净气缸内的冷凝水。

3．撇缆绳的准备

在船首、尾部，各准备 2~3 根撇缆绳，将撇缆绳盘好暂放在甲板上，撇缆人员做好准备，听到指示立即抛出。

4．制索绳的准备

带缆从绞缆机卷筒上解下改换到缆桩前，必须用制索绳（链）将带缆暂时制住，防止带缆松出，船位移动。带缆挽牢后，才可解脱制索绳。

化纤缆绳应用化纤质料的制索绳，钢丝缆绳应用制索链。

化纤缆绳伸缩性大、弹性大，在使用单根制索绳时，有时因受力过大而绷断或因缆绳伸缩被绷紧的带缆压住而解脱不了，影响操作。目前船上多采用双根制索绳，优点是强度加大，摩擦阻力增加，避免绷断。

制索绳的直径为 25 mm，长度约 3 m。

制索绳尾部的心环用卸扣连接在缆桩附近甲板的地令上或套在缆桩上，如图 5-1-5 所示。

图 5-1-5　制索绳连接

5．其他准备工作

船舶靠离码头前应准备有圆球碰垫，如发生碰撞和摩擦时，可将圆球碰垫放在与码头相接触处，以缓冲并减小损伤。

备好挡鼠板，待带缆结束时安装。

三、撇出撇缆绳

当船舶距离码头至一定距离时，持撇缆绳人员先招呼有关人员注意；然后将撇缆绳抛出，成功后，将撇缆绳尾端在带缆琵琶头上打撇缆活结或单套结接妥。

四、出缆

（1）靠码头通常要顶风顶流。所以一般先带头缆，使得船身后退时不动车就能稳住船身。如果先带了首倒缆，一旦操作不当，倒缆吃力时，将使船首向码头靠拢，外舷流压将加大向码头的挤拢力，使船首撞挤码头。

（2）船尾应在船首已带上头缆及首倒缆并能稳住船身后，在驾驶台的示意下，开始出缆。尾部出缆顺序需视具体情况而定。如果防船前移，应先出尾缆；如果防船后移，则应先出尾倒缆。

（3）当码头上带缆人员拉撇缆绳时，应及时将带缆送出舷外，松放缆绳速度要和码头上拉缆绳的速度配合好。松放慢了，码头上拉曳困难；松放快了，缆绳会沉入水中或是被水流冲向下流，增加了码头上拉缆绳的阻力和困难，延长带缆时间。

（4）松缆绳时，不可用脚踏缆绳来控制松放速度，更不可站在绳圈中，以防伤人。可用制索打半结控制。

五、绞缆

把缆绳送到码头上，琵琶头已套上缆桩，待带缆人员通知（或用手势表示）可以绞缆时，船上就开始绞缆。

操作人员迅速将缆绳由上向下缠绕在绞缆卷筒上，化纤缆应绕3~4周，钢丝缆应绕4~5周，缆绳不可重叠，一人拉持缆绳，站在距卷筒后约1 m处，一人在后清理绞进的缆绳，遇有扭结应及时顺开。

绞收速度应听从指挥人员的指示（或手势），如带缆受力大，在卷筒上已缠4周还滑动而绞不进时，应根据情况增加缠绕道数，以加大摩擦阻力，便于收绞。缆绳受力过大时，不可硬绞，待缆绳受力减小时再绞进。

在绞缆过程中有关人员应注意缆绳的受力情况，不可站在缆绳、导缆钩、卷筒附近，以防断缆伤人。

六、挽缆

船舶靠拢码头后，要把缆绳由卷筒上松下挽到缆桩上，在操作过程中要防止缆绳松出船舶移位，操作要熟练，动作要准确而迅速。

挽桩前，先要在导缆钩与卷筒之间的缆绳上用制索绳打好"制索结"，如图3-1-16所示，暂时控制住缆绳。当制索绳缓缓受力，迅速将卷筒上的缆绳解下，转移到缆桩旁，经过第一根缆桩里挡后绕第一根缆柱一圈；再经第二根缆桩外挡绕第二根缆柱一圈；而后再在两根缆桩上绕"8"字形3道。

钢丝缆应挽5道（5个"8"字），并在最上面3根上用细绳扎"系缆活结"，如图3-1-14所示，以防钢丝缆滑出或跳出缆桩。

各根带缆带妥后，应调整长度使各根缆受力均匀。挽桩时，应防止手被夹压在缆绳与系缆桩之间和钢丝缆弹出伤人。

七、清理工作

船舶靠好码头，带缆工作结束，应在舷外每根带缆上装置挡鼠板。所用工具、机械及撇缆绳都要收拾整理好。

八、带缆的看护

带缆工作结束后，当值驾驶员和水手应密切关注带缆情况，看护好带缆。船舶受潮水涨落或装卸货的影响,将使带缆松弛或张紧(白棕绳受潮后会收缩),因此必须经常检查并及时调整,预防因船舶移位而影响装卸货或发生断缆事故。

松出绷紧的缆绳时,不宜将缆绳脱离缆桩,应将缆桩上的缆绳先上后下分数次缓缓松出。

如果前缆和倒缆都张紧时,应先松下风下流的缆绳。吹开风使船舶离码头距离较大,影响装卸工作时,可收紧横缆,也可采用"压锚法"来自动张紧带缆,使船体靠近码头,如图5-1-6所示。"压锚法"是利用一根钢丝绳和卸扣,将里挡锚与首缆连接在一起,并用一根钢丝绳与首缆上的卸扣相连接以控制卸扣使之不滑动,利用锚的重量将首缆收紧;使船靠近码头。

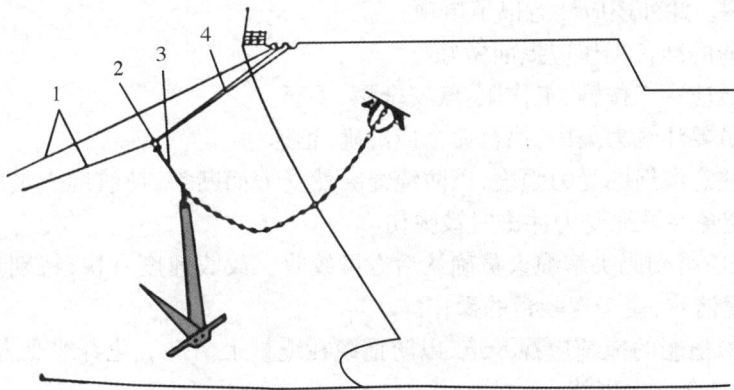

图 5-1-6 压锚法
1—首缆;2—卸扣;3—钢丝扣;4—钢丝绳

第二节 解缆操作

为了使船舶顺利、安全、迅速离开码头,各项准备工作应提前做好。各项操作要熟练、准确、迅速,尤其是在利用前后缆协助船舶离码头或利用拖船使船舶离码头时,要求船尾部操作要快,以便动车。

一、解缆前的准备工作

(1)锚机和绞缆机械试转并加油润滑,使绞缆机械处于可靠使用状态。准备好制索绳、圆球碰垫,取回挡鼠板,收进伸出舷外物品等。

(2)解去"系缆活结",检查前后各根缆绳,排除缆绳叠压现象。

二、单绑和收绞缆操作

听从驾驶台指示,解去不需要的缆绳,只留首缆和前倒缆、尾缆和尾倒缆,使船处于"单绑"状态。

解缆时,先把缆绳松出一些,以便解脱套在码头缆桩上的琵琶头。松缆时可利用制索绳控制松出长度,待码头上解脱缆绳后,立即将缆绳挽上卷筒绞进,边绞进、边清理。

缆绳琵琶头接近或通过导缆钩时,应缓慢绞进,以免受阻,造成损伤。

解缆、收缆完毕后,所用工具、机械及缆绳都要收拾好。

第三节　带解缆操作的安全注意事项

带解缆操作与船舶操纵有密切关系,应该全面考虑船舶操纵上的需要。在操作过程中收放缆绳速度快,缆绳受力大,又要及时将其系解,容易发生事故。因此,要求驾驶台、船首、船尾三部分密切配合,操作安全、准确和迅速。要特别注意操作人员的安全,严格遵守操作规程,互相关照,及时提醒。此外还应注意以下事项:

(1)带解缆前的准备工作应提前做好。

(2)工作人员应穿工作鞋、工作服,戴安全帽、手套。

(3)工作人员要注意力集中,执行命令应准确、迅速。

(4)绞缆中注意缆绳的受力强度,以防缆绳突然受力而断裂,持绞缆人员应与卷筒保持安全距离,并注意避免在缆绳受力冲击时被弹伤。

(5)收缆时,应得到码头解缆人员确认后方可绞收。绞收速度宜快,特别是尾缆绞收速度更须快,确保船尾清爽,便于驾驶台的操作。

(6)船上送给拖船的拖缆应挽8道,以防拖缆在缆桩上滑动。化纤缆受力滑出时,摩擦生热,易损坏,严重时会发生事故。

(7)缆绳要挽在缆桩上,不宜挽在绞缆机械上。

(8)首缆、尾缆与首尾线所成的角度要适中。交角过大,横向分力大,纵向分力小,船向前后移动;交角过小,横向分力小,吹开风易使船离开码头。

(9)保护好缆绳,防止磨损,特别是纤维质缆绳,应在它和物体摩擦部位用麻袋皮或旧帆布包缠衬垫。

第四节　靠离浮筒的带解缆操作

船舶在港口经常系浮筒装卸货或进行停泊修理。如停泊时间较短,风流不大可用缆绳系浮筒;风流较大时则要用锚链系浮筒。

一、缆绳系带浮筒

(一)带缆系浮筒操作

1.准备工作

(1)船首、船尾各准备3根单头缆,另备1根钢丝缆作回头缆和1根供牵引回头缆用的纤维质引索。

(2)船舶系泊设备和用具均应按靠码头时的要求做好准备。

(3)每根单头缆均配备1根长约5 m,两端均有琵琶头的钢丝绳扣,以便化纤质缆绳和浮筒环相连接。

(4)船舶系靠浮筒须用带缆艇协助系缆,港口都配有这种设备。如果当地没有带缆艇,应利用本船备有的工作艇协助带缆。

2. 带单头缆

船舶驶近浮筒,将准备好的单头缆、卸扣和钢丝扣通过导缆装置松到水面,带缆艇到船首接到缆绳,将缆绳在艇上盘一段后驶向浮筒,艇、船配合艇速,适当松出缆绳。带缆艇到达浮筒,将单头缆用卸扣、钢丝扣和浮筒环连接。

将缆绳挽上绞缆机卷筒,绞紧带缆。用上述方法系带另两根单头缆,泊位调整适当后,用制索绳将各缆控制住,从卷筒上松下挽到缆桩上。

3. 带回头缆

回头缆的主要作用是在离浮筒时利用其自行离浮。

各根单头缆带妥后,将钢丝回头缆和另一舷准备的纤维绳牵引索,从左右舷穿过导缆装置松到水面,由带缆艇将钢丝回头缆和牵引索带到浮筒,将回头缆穿过浮筒环后,用牵引索端打单套结连接在琵琶头上,船上绞收牵引索,拉回头缆到船上,并将它挽到缆桩上系好"系缆活结"。然后将另一舷回头缆根部用卷筒绞紧后改挽在缆桩上,并在钢丝回头缆上系好"系缆活结"。

调整各根带缆使得其受力均匀,回头缆较单头缆松弛些,平时不受力,如图5-4-1所示。

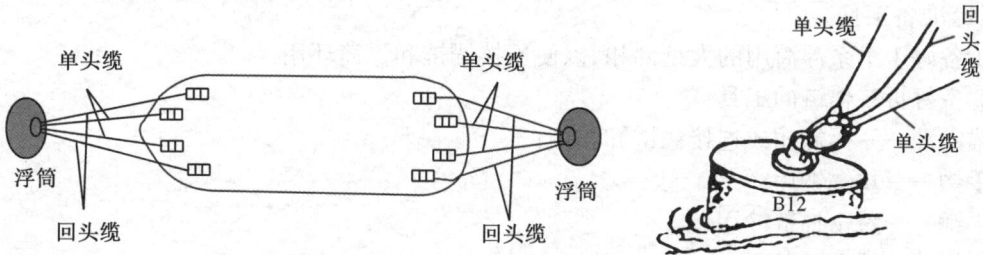

图 5-4-1　带回头缆

有些船上配有回头缆活钩装置,把回头缆琵琶头直接挂在活钩上,这种装置系带和解脱回头缆较方便、迅速,如图5-4-2所示。

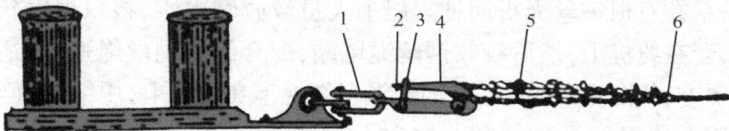

图 5-4-2　回头缆活钩

1—卸扣;2—插销;3—扣环;4—活钩;5—细绑扎绳;6—回头缆琵琶头

船尾系缆方法与船首相同。

4. 收尾工作

系浮筒带缆完毕后,应做好清理收尾工作。

(二)解缆离浮筒操作

1. 准备工作

离浮筒各项准备工作与系浮筒相同,还须将回头缆琵琶头用细绳扎拢缚牢,以防琵琶头钩挂他物,影响离浮筒或发生事故。

2. 解缆操作

(1)带缆艇到达浮筒后,听从驾驶台的指示,先解去各根单头缆绳。解缆时,船上先松出一些缆绳使其不受力,解缆人员解开单头缆卸扣便可收绞带缆回船。船首、船尾各留一根回头缆,使船处于"单绑"状态,便于船上解缆。

(2)当驾驶台下令解前、后缆时,船首、船尾立即将回头缆琵琶头一端解脱缆桩或脱开活钩,使回头缆琵琶头溜出舷外;然后迅速将回头缆根部从缆桩上解下改挽到卷筒上,将回头缆绞收回船。船尾缆绳要快速绞收,以便动车。

(3)解缆收缆工作完毕,应做好清理收尾工作。

二、锚链系带浮筒

(一)带锚链系浮筒操作

在一些国外港口,系带浮筒时必须使用锚链。在某些港口遇大风,停泊时间较长时,采用锚链系浮筒较安全可靠。锚链系浮筒操作比缆绳系浮筒操作更复杂繁重,因此更应注意安全。

1. 准备工作

(1)准备工具

①备好1个系浮筒用的大型卸扣,以便连接锚链和浮筒环用。

②备好拆装锚链的工具:

锚链冲——拆卸扣或连接锚链卸扣用;

手钩——拉锚链用;

手锤——敲击锚链冲用;

撬棍——撬动链条用。

(2)准备锚链

①将锚松出锚链筒,用一根强度较大的钢丝绳,将其琵琶头套在缆桩上,其中部折成双根穿过舷边的导缆钩后悬放在舷外锚环处。由一人坐单人座板到舷外,将船上放出的纤维质牵引索穿过锚环,系在双根钢丝绳折回处。船上人员绞收牵引索,将双根钢丝绳从锚环中拉过,再拉进船舷内,套在缆桩上,然后绞收钢丝绳尾端,配合绞收钢丝绳速度,适当松放锚链,使锚悬挂在导缆钩下方,如图5-4-3所示。钢丝绳尾端挽牢在缆桩上,用细绳缚牢。

②用强度较大的钢丝绳和卸扣与临时制链器连接好后,将锚链控制牢,保证锚链不能溜动。

③将锚链绞出,使第1节的锚链连接卸扣平铺在甲板上,利用拆卸工具将卸扣拆开,将第2节锚链松至水面上。

(3)缆绳的准备

船首用锚链系浮筒,必须准备2根钢丝缆和2个卸扣放置在两舷导缆钩处。一根钢丝缆作临时单头缆用以稳定船位,锚链系妥后再作回头缆;另一根钢丝缆作导链索。

船尾准备缆绳根数与带缆系浮筒根数相同。

2. 锚链系浮筒操作

(1)船首驶近浮筒,将两根钢丝缆从导缆钩通过松至水面,带缆艇先将与锚链同舷的钢丝

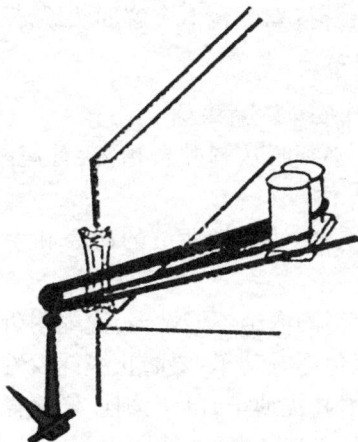

图 5-4-3 悬挂锚

缆引到浮筒上系牢,绞紧这根单头缆,使船首接近浮筒并稳定船位,以便系锚链。

(2)带缆艇将与锚链异舷的钢丝导链索引到浮筒,穿过浮筒环后再引到船首下方,与锚链的第 3 个链环相接。

(3)船上收绞导链索,边绞导链索边松锚链,使锚链接近浮筒环。

(4)带缆艇上人员用专用的大卸扣,将锚链和浮筒环连接牢固。

(5)船上绞收锚链使其受力后,带缆人员将导链索脱离锚链,通过浮筒环与单头缆相连接。

(6)放松临时单头缆,带缆人员将它解离浮筒环。

(7)带缆艇离开浮筒后即可松放锚链调整船位,同时松放临时单头缆改作回头缆,绞收导链索。将回头缆绞进舷内一段后,在缆桩上挽 5 道,并用细绳缚牢。另一舷将回头缆松至不受力,然后在缆桩上挽 5 道,并用细绳缚牢。

(8)船尾系浮筒的带缆过程与缆绳系浮筒时相同。

带缆工作结束后收拾工具,清理锚链、缆绳和场地。

(二)解锚链离浮筒

1. 准备工作

准备工作与系浮筒相同。

2. 解锚链操作

(1)在驾驶台下达解脱锚链的指示后,绞收一段回头缆使其受力,同时松少许锚链。

(2)带缆艇将导链索引至浮筒上,穿过浮筒环后与第 3 个锚链环相接。

(3)绞紧导链索,使连接浮筒环和锚链的大卸扣不受力后,带缆艇人员解脱大卸扣。

(4)缓慢松放导链索至不受力,绞收锚链至甲板上。解脱导链索与锚链相连接的卸扣,收回导链索。

(5)将第 1、2 节锚链用锚链扣连接复原。

(6)缓慢将锚链绞进锚链舱,待锚链受力时,解脱临时制链器。缓慢松放悬挂船首锚的钢丝绳至不受力时,解脱缆桩收回。将锚绞进锚链筒。

(7)此时船处于"单绑"状态,等待驾驶台下令解回头缆。

(三)系离浮筒操作安全注意事项

(1)遵守靠离码头系解缆操作安全注意事项。

(2)系离浮筒操作紧张复杂,必须听从驾驶台指挥,首尾配合,协调一致。必须服从现场指挥,互相照顾,精神集中,认真操作。

(3)开动锚机或绞缆机要平稳,要注意指挥员的命令和手势,并注意观察缆绳、锚链受力情况,如有意外,立即停车。

(4)松放缆绳时防止伤人,缆绳圈内绝不能站人,缆绳附近也不可站立。

(5)船尾收绞缆速度要快,以免影响动车,要防止缆绳绞缠螺旋桨。

(6)回头缆琵琶头必须用细绳扎拢缚牢,以防钩挂,影响操作,造成事故。

(7)解回头缆时,操作要准确、迅速,在回头缆附近不得站人。

(8)拆装锚链卸扣要细心操作,如果卸扣变形、松散应更新,装妥后要认真仔细检查,保证连接牢固。

(9)应派技术熟练的水手到舷外穿悬挂船首锚的钢丝绳,操作时要系保险索。

(10)悬挂船首锚的钢丝绳的强度必须足够,松、绞钢丝绳时速度要缓慢,4根钢丝绳受力要均匀。

(11)当前后泊位浮筒档上的船舶离去后,要及时检查缆绳的松弛情况,做适当的收紧,以免船舶偏离中心线太多,受流压过大,从而引起断缆。

第五节　系解缆口令

带缆、解缆口令是按国际标准用语由驾驶台传达到船头或船尾。大副、二副听到口令后应复述一遍,以免出错。在工作现场的人员包括水手也应熟悉作业口令,以便更好、更安全地完成系解缆作业。目前国际上常用的标准系泊用语如下:

一、靠泊口令

我船将左舷/右舷靠泊。

We will berth port/starboard side alongside.

我船将前后系浮筒。

We will moor to buoy(s) ahead and astern.

我船将系泊。

We will moor alongside.

我船将系缆桩。

We will moor to dolphins.

送出头缆/尾缆/横缆。

Send out head/stern/breast line(s).

送出……前/后倒缆。

Send out. . . spring(s) forward/aft.

备妥前后撇缆。

Have heaving lines ready forward and aft.

送出撇缆/头缆/尾缆/横缆至岸上。

Send out heaving/head/stern/breast line(s) ashore.

带缆工准备用卸扣/绑绳加固系泊。

The linesmen will use shackles/lashings for securing mooring.

使用中央/巴拿马导缆孔。

Use center/Panama lead.

使用首导缆孔。

Use bow lead.

使用左后舷/右后舷导缆孔。

Use port quarter/starboard quarter lead.

绞……缆/……倒缆。

Heave on. . . line(s)/. . . spring(s).

收紧……缆/……倒缆。

Pick up slack on . . . line(s)/. . . spring(s).

绞缆。

Heave away.

停止绞缆。

Stop heaving.

松……缆/……倒缆。

Slack away. . . line(s)/. . . spring(s).

停止松……缆/……倒缆。

Stop slacking. . . line(s)/. . . spring(s).

刹住……缆/……倒缆。

Hold on. . . line(s)/. . . spring(s).

慢慢绞缆。

Heave in easy.

绞拢至码头。

Heave alongside.

保持缆绳拉紧。

Keep lines tight.

报告前/后到……的距离。

Report forward/aft distance to. . .

前/后到……的距离为……米。

Forward/aft distance to. . . metres.

我船就位。

We are in position.

我船必须向前/后移动……米。

We have to move. . . metres ahead/astern.

前后部挽牢。

Make fast fore and aft.

船前后挽牢。

Fast forward.

船尾部挽牢。

Fast aft.

二、离泊口令

备车。

Stand by engine(s).

车备妥。

Engine(s) standing by.

你船做好开航的准备了吗?

Are you ready to get underway?

……分钟后可做好开航准备。

Ready to get underway in. . . minutes.

准备解缆。

Stand by for let go.

正准备解缆。

Standing by for let go.

船首尾……缆和……倒缆单绑。

Single up. . . lines and. . . springs fore and aft.

放松首缆/尾缆/横缆。

Slack away head/stern/breast line.

刹住首缆/尾缆/横缆。

Hold on head/stern/breast line(s).

刹住前/后倒缆。

Hold on fore/aft spring(s).

绞首缆/尾缆/横缆。

Heave on head/stern/breast line(s).

绞前/后倒缆。

Heave on fore/aft spring(s).

前后所有缆全部解掉。

Let go everything forward/aft.

解首缆/尾缆/横缆。

Let go head/stern/breast line(s).

解前/后倒缆。

Let go fore/aft spring(s).

解拖缆。

Let go tug line.

……已解掉。

. . . is/are let go.

备首锚。

Stand by bow anchor(s).

正在备首锚。

Bow anchor(s) standing by.

第六节　舵令和锚令

一、舵令

舵令是指船舶驾驶人员为操纵船舶,向舵工发出的操舵口令。舵工听到舵令后,应立即复诵,并将舵迅速转动至舵令所指定的角度,完成此项操舵动作后,再向驾驶人员重复一次。若舵令与实际舵角正确无误,驾驶人员应回答"好",表示对操舵的认可。

二、锚令

锚令是指船舶在抛起锚时,驾驶台船长与船首驾驶员之间锚作业的口令。驾驶员听到锚令后,应立即回答并报告。在工作现场的人员包括木匠、水手等也应熟悉作业口令,以便更好、更安全地完成抛起锚作业。

船舶舵令、锚令中英文对照表如表5-6-1、表5-6-2所示。

表5-6-1　船舶舵令中英文对照表

舵令			
序号	口令 Order	复诵 Reply	报告 Report
1	左(右)舵五 Port (starboard) five	左(右)舵五 Port (starboard) five	五度左(右) Wheel port (starboard) five
2	左(右)舵十 Port (starboard) ten	左(右)舵十 Port (starboard) ten	十度左(右) Wheel port (starboard) ten
3	左(右)舵十五 Port (starboard) fifteen	十五度左(右) Port (starboard) fifteen	左(右)舵十五 Wheel port (starboard) fifteen
4	左(右)舵二十 Port (starboard) twenty	左(右)舵二十 Port (starboard) twenty	二十度左(右) Wheel port (starboard) twenty
5	左(右)满舵 Hard a port (starboard)	左(右)满舵 Hard a port (starboard)	满舵左(右) Wheel hard a port (starboard)

续表

	舵令		
6	正舵 Midships	正舵 Midships	舵正 Wheel's amidships
7	回舵 Ease helm（the wheel）	回舵 Ease helm（the wheel）	舵正 Wheel's amidships
8	回到…… Ease to（degrees）	回到…… Ease to（degrees）	……度左(右) Wheel's eased on port（starboard）
9	把定 Steady	把定 Steady	把定 Steady
10	航向…… Course...	航向…… Course...	航向……到 Course on...
11	向左(右)……度 ...degrees to port（starboard）	向左(右)……度 ...degrees to port（starboard）	航向……到 Course on...
12	不要偏左(右) Nothing to port（starboard）	不要偏左(右) Nothing to port（starboard）	不要偏左(右) Nothing to port（starboard）
13	航向复原 Course again	航向复原 Course again	航向……到 Course on...
14	什么舵? What is your rudder?		……度左(右) Wheel port（starboard）...
15	舵灵吗? How does the rudder answer?		正常 Very good 很慢 Very slow 不灵 No answer
16	首向多少? What heading?	航向…… Course...	

表 5-6-2　船舶锚令中英文对照表

	锚令	
序号	锚令 Anchor Order	报告或回答 Report or Reply
1	准备绞(起)锚 Stand by（to）heave away（up）anchor	绞锚备好 All ready（to）heave away
2	绞(起)锚 Heave away（up）anchor	绞(起)锚 Heave away
3	备左(右、双)锚 Stand by port（starboard, both） anchor（s）	左(右、双)锚备好 Port（starboard, both）anchor（s）is （are）ready
4	抛(左、右)锚 Let go（port, starboard）anchor	抛(左、右)锚 Let go（port, starboard）anchor

续表

锚令		
5	刹住 Hold on	刹住 Hold on
6	停止绞锚 Stop heaving（Avast heaving）	停止绞锚 Stop heaving（Avast heaving）
7	绞(起)锚 Heave away（up）anchor	绞(起)锚 Heave away
8	锚链方向 How is chain leading?	锚链垂直 Up and down 锚链向前 Leading ahead 锚链向后 Leading aft 锚链正横 Leading abeam 锚链过船头 Across bow
9	锚链放松 Slack away chain	锚链放松 Slack away chain
10	……节链入水（在甲板、在锚链筒） shackles in water（on deck, in hawse pipe）	……节链入水（在甲板、在锚链筒） ... shackles in water（on deck, in hawse pipe）
11	锚离底 Anchor aweigh 锚清爽 Anchor clear 链吃力 Chain tight 锚抓牢 Anchor brought up 锚缠住 Anchor fouling 锚链倒出 Walk back anchor	

第六章

船体保养

船体保养工作包括:日常清洁、预防锈蚀、敲铲除锈、油漆工作和甲板设备的活络润滑等。对船体和甲板设备经常进行保养意义重大,其不仅可以保持船舶技术质量,发挥设备使用效能,提高运输效率;还可以降低修理费用,延长使用年限。保持船舶清洁卫生、整齐美观,不仅是每个船员生活所需,也关系到国家的荣誉。因此,船舶保养工作是每个船员的一项经常性的工作任务。

第一节　保养计划

大副和水手长应根据本船的情况,安排好两次岁修之间(一年左右时间)甲板部应做的各项保养工作,制订全年保养计划。

在年度保养计划中应分清哪些是航次的、月度的、季度的、半年的和年度的工作项目,并安排在合适的时间进行。具体执行时往往由于客观条件的变化,还需适当改变计划。因此,必须抓住主要项目首先保证完成,制订计划时也要留有余地。例如,影响航行安全的锚、舵设备,装卸设备等;涉及船舶美观的船壳、上层建筑等应给予保证。

船舶各部位及甲板设备的日常检查养护项目、要点及方法如表 6-1-1 所列,供制订保养计划时参考。

日常检查保养工作应建立完整和系统的记录,将其作为修船时决定修理项目和修理方法的正确依据。检查保养计划和记录是船舶技术资料,应妥善保存并列为交接文件。

表 6-1-1　船舶各部位及甲板设备的日常检查养护项目、要点及方法

序号	项目	检查周期	检查要点	保养工作
1	船壳外板	1个月	锈蚀、损伤、脱漆、水密 检查重点部位:锚链磨损处、螺旋桨附近、轻重载水线之间、流水孔及舷窗下边等	清洗、除锈、油漆、漏水处打水泥箱
2	甲板	1个月	锈蚀、损伤、脱漆、水密 检查重点部位:甲板凹处、管路下面的甲板面、污水路、放置重物下面的甲板面等	除锈、油漆
3	桅、将军柱、通风筒、烟囱等	3~6个月	腐蚀、损伤、脱漆 地脚部位、通风筒的活络部分、支索、眼环、琵琶头	清洗、除锈、油漆、活络部件加油润滑、缺件补齐
4	舱壁、舷墙	3~6个月	腐蚀、损伤、脱漆、水密 地脚部位(如锚链舱、地轴弄、污水沟、厕所、浴室、厨房等舱壁)	除锈、油漆,经常保持干燥、清洁
5	水密门	3~6个月	水密、活络、锈蚀、变形	除锈、油漆、活络部件加油润滑、橡皮垫圈变质换新、变形做好记录
6	室外栏杆、梯子	3~6个月	锈蚀、损伤 地脚易锈、地脚螺钉锈烂	除锈、油漆、铜件擦亮、地脚螺钉更换、变形校正
7	舷梯及属具	6个月	锈蚀、损伤、活络、吊索检查	除锈、油漆、活络部件加润滑油、吊索刷漆上油、扶手绳腐烂时换新
8	污水沟	3个月	腐蚀、清洁、畅通 黄蜂巢易堵、测深管下方易腐蚀	清洗、除锈、油漆、黄蜂巢疏通、盖板损坏修补
9	舱盖	6个月	腐蚀、损坏、水密 木盖板配齐、自动舱盖滚轮活络、橡皮检查	除锈、油漆、活络部件加油润滑、橡皮垫圈损坏换新
10	舱内各罩管	6个月	锈蚀、碰伤、堵塞	除锈、油漆、修补、疏通
11	锚	6个月	损伤、裂缝、锚爪易裂、销子易松动、转动角度不够、锚环裂缝	严重损坏时换备用锚
12	链	3个月	磨损、裂缝、变形、松挡、标记、卸扣销钉脱落	链环磨损过度应割去,用卸扣代替;松挡用麻絮打紧;销钉更换,铅封封好,标记补齐
13	锚链掣	3个月	腐蚀、活络	除锈、油漆、活络部件加润滑油
14	备用锚	3个月	锈蚀、活络部位锈住	除锈、油漆、加油
15	带缆	3个月	腐蚀	钢丝缆刷锈上油,磨损过度换新

续表

序号	项目	检查周期	检查要点	保养工作
16	导缆口	6个月	锈蚀、滚轮不转、磨损、止头螺丝松脱、轴弯曲	除锈、油漆、加油
17	制索	1个月	磨损、链环卸扣变形、眼环锈蚀	除锈、油漆、磨损过度换新
18	缆车	3个月	锈蚀(外壳地脚)、轴卡顿、刹车失灵、离合器情况	除锈、油漆、加油、刹车弹簧换新
19	缆桩	1年	锈蚀、磨损	除锈、油漆
20	吊杆	3个月	锈蚀、变形、磨损、裂缝 杆身锈蚀、变形、裂缝 鹅颈头、横销、垫圆磨损 吊杆顶端攀头锈蚀、磨损	除锈,油漆,鹅颈头拆装、清洗、上油
21	吊货滑车	3个月	磨损、外壳锈蚀 轴与轴承、活络部位灵活性	拆装、清洗、加润滑油、磨损超过限度换新、外壳除锈换新
22	千斤索滑车	6个月	磨损、外壳锈蚀 轴与轴承、活络部位灵活性	拆装、清洗、加油、磨损超过限度换新、外壳除锈换新
23	千斤索顶攀	6个月	外表腐蚀、活络部位灵活性	除锈、油漆、活络头测量、清洗加油
24	千斤索升降	6个月	锈蚀、活络部位灵活性	除锈、油漆、活动部件加润滑油
25	吊货索	每航次	磨损、断丝	加润滑油、磨损断丝超过限度换新
26	稳索	3个月	磨损、断丝、锈蚀	除锈、上油、磨损超过限度换新
27	攀头、眼板	3个月	磨损、锈蚀、裂缝	除锈、油漆
28	吊杆支架	3个月	锈蚀、碰伤	除锈、油漆
29	舵杆、舵叶(轻载水线以上)	1个月	锈蚀、零件的牢固性	除锈、油漆
30	转舵装置	3个月	转动的可靠性、螺母松动、漏油	损坏修理、活动部件加油润滑
31	操舵装置	3个月	电动舵检查触点及绝缘、液压舵检查漏油、自动舵检查灵敏度	清洁、损坏修理
32	太平舵	6个月	活动部分灵活性、试用	活动部件加油润滑
33	救生艇	3个月	腐蚀、漏水、标记清晰、备品质量和数量、空气箱锈蚀	除锈、油漆、点数补缺
34	吊艇柱	3个月	锈蚀、磨损、活动部件灵活性	除锈、油漆、加油润滑、索具除锈上油

续表

序号	项目	检查周期	检查要点	保养工作
35	升降机	3个月	锈蚀、电气绝缘、活动部分活络、刹车可靠性	除锈、油漆、加润滑油、会同轮机员检修
36	艇用发报机	3个月	检查性能	试用
37	机动艇	3个月	试车	会同轮机员检修、电瓶充电、油补足
38	救生筏	3个月	筏身锈蚀、机钮活络	除锈、油漆、加油润滑
39	气胀筏	1年	拉索腐蚀、筒内受潮、试放后充气、备品检查	活动部件加油润滑（筏架）
40	救生圈	3个月	腐蚀、标记、救生灯及细索	修补、油漆、换电池、除锈、换新
41	救生衣	6个月	受潮、腐蚀、放置位置	清洁、晾干、补缺、存放箱子清洁油漆、写明字样
42	水灭火装置	6个月	管子腐蚀,水龙带漏水,水枪接头畅通与否,箱子脱漆、锈蚀	除锈、油漆、防冻、水龙带晾干、改变折痕、箱子除锈油漆、写明字样
43	蒸汽灭火装置	6个月	试放、阀箱箱体腐蚀损坏	除锈、油漆、损坏修复、修船时管系进行气压试验
44	CO_2灭火装置	6个月	管系阀检查、重量检查	用压缩空气做管系试验、CO_2称重、CO_2失重10%时补充气
45	手提灭火机	6个月	每月演习时轮流试放做记录,外壳、机架腐蚀,喷嘴畅通,CO_2称重	试放后充液、外壳机架除锈、油漆
46	手摇泵	3个月	泵体锈蚀,吸入阀拆装,接头水管吸水、排水的效果	试用、除锈、油漆、损坏修理
47	黄沙	3个月	沙量、箱壳腐蚀	缺补、修复、油漆
48	太平斧等	3个月	锈蚀	除锈、油漆、涂油
49	报警器	1个月	试验灵活性	电路损坏修复

第二节　船舶清洁工作

一、清洁制度

船舶的清洁是船员对船体进行保养的经常性工作。清洁工作是为了保护船体、舱面建筑、各种设备不受损坏,保持生活环境清洁卫生,保护船员和旅客的身体健康。

船上每天早晨由水手长率领不值班的水手打扫和擦洗外部走廊、甲板、栏杆等处,驾驶室、海图室内的清洁工作由值班一水负责。内走廊、通道、梯道、餐厅、浴室和厕所等处由服务员负责。厨房由炊事员负责。机舱内部由轮机人员负责。各人居住的房间由各人负责清扫。

每日下午收工前,应将厕所冲扫一次,各层甲板、走廊通道应打扫一次。

每逢星期日,船上应进行一次室内外大扫除,包括冲洗、打扫和擦洗工作,然后由船上领导检查评比。

船舶在离港后应进行一次清洁工作。对装运煤炭、水泥、矿石的船舶,要进行一次彻底的清扫和冲洗。

长航线的船舶,在海上航行时间较长,除每星期日进行全船大清扫外,还应在到达港口时进行一次室内外大扫除,以保持船舶整洁进港。

雨后要清扫甲板积水,雪后要及时打扫积雪。

客船上清洁工作要比货船要求更严格,每天都要进行清洁工作,应每天早上冲洗一次甲板,下午收工前打扫一次。如果气候炎热,下午应用水冲洗一次。

上层建筑的白色围墙,每隔两天用淡水擦洗一次;隔一个月用淡肥皂水擦洗一次。如发现白漆上有油垢,应迅速擦洗干净。

船舶在港内停泊时,每日积存下来的垃圾和货舱内清扫出来的残余废料,应暂放在垃圾桶内或甲板上,待船舶驶离港区和禁止排污区后,再按规定倒入大海。

二、各种设备的清洁工作

1. 甲板

(1)铁甲板:冲洗甲板时,由水手长或一水持握水龙,数名水手协助移动水龙,防止水龙过度弯曲而折裂,或在甲板上拖拉而磨损。一人用扫帚扫垃圾、污垢和积水。

如果甲板上有油迹,可先撒上木屑,用竹扫帚清扫。如果有重油迹,可用润滑油和煤油混合液先擦干净。

(2)木甲板:先用水冲湿,撒上筛过的细沙,用椰子壳沿着木纹摩擦,然后用竹扫帚和水冲刷干净,最后用拖布拖干。通常每周按上述方法进行一次。如果木板上有油迹,应事先涂上一层浓石灰水。

(3)塑料或油毡地板:用毛刷蘸肥皂水先刷一遍,然后用拖布蘸清水将肥皂水擦净。

2. 舱室

舱室内的清洁工作主要是清洗油漆面上的灰尘和油垢。清洗时应先用棉纱头蘸肥皂水在油漆面上抹擦2~3次,然后用棉纱绳制作的抹布蘸清水将肥皂水洗干净。擦抹肥皂水时要注意,不要把肥皂水滴溅到四周。油漆面有油垢时,应先用煤油擦干净,然后再用肥皂水擦洗。如有较重的黄锈痕用肥皂水洗不干净时,可用棉纱头蘸少许细沙,轻轻地在锈痕上擦抹几次,锈痕便可除净。

3. 舷外

洗刷船壳,大多在靠码头或系浮筒时进行。洗刷时可利用工作艇、筏或搭上双人架板进行洗刷。如果船壳油漆是深色(黑色、绿色)的,只需用长柄刷蘸清水洗刷。如果是浅色的就需要先用肥皂水洗刷,然后再用清水冲刷。如果有油迹,可用棉纱头蘸煤油先擦净,然后再用肥皂水洗刷,最后用清水冲刷。如果排水孔周围有污垢,应先用刮刀将污垢刮净,而后用肥皂水洗刷,最后用清水冲洗。

4. 铜器

铜器的清洁是用擦铜油溶解铜绿后擦拭,用这种油擦后表面有光泽,且不伤铜面。如果是较长时间没有擦过的铜器,可先磨掉铜面上的铜绿后,再用擦铜油擦拭。

5. 铁器

要求保持光亮的铁器上,如发现铁锈,应先把铁锈除掉,再用煤油擦干净,然后用砂粉抹擦,直到表面擦亮为止。

6. 玻璃

玻璃应用干净的绸布或棉布轻擦。最好是每隔几次清洁涂上一次去污粉,擦起来既干净又光亮。冬季因水汽冻结不易擦亮,可先用汽油、酒精擦一遍,然后用干净的布擦。

7. 帆布具

各种帆布制品,均应用毛刷蘸肥皂水刷洗,但不宜过分洗刷接缝的部位,以免损坏帆线。然后用清水把肥皂水洗刷干净后,放在通风、干净的地方晒干。不要接触生锈的铁面,防止帆布受损。

8. 桅杆和吊杆

用棉纱头或柔软的刷子蘸肥皂水来洗擦,污秽的地方应先用漂白粉溶液擦洗污秽处,然后用清水洗几遍。

三、冲洗工作注意事项

(1)冲洗前应将各通风筒关闭好,应将不能关闭的通风筒扭转一方向,使它背水。通知各部门将所有门窗关紧,以防水冲进去损坏东西,将怕潮湿的物品移入室内或加以盖罩。

(2)每个从事冲洗工作的人员都应穿着雨衣和雨靴。

(3)进行冲洗工作,一般是按由上而下、由上风到下风、由高到低、由舱内到舷外的顺序进行。

(4)海水冲洗后的上层建筑或溅上海水的地方,应用淡水和抹布擦干净,积水要扫净。

第三节　船舶腐蚀与防腐蚀

金属在周围介质的作用下所产生的损坏,叫作腐蚀。腐蚀给金属材料造成的直接损失是巨大的。据估计,全世界每年因腐蚀报废的钢铁设备约相当于年产量的30%,一艘钢质船舶如不采取防腐蚀措施,几年后就将锈烂报废。

一、锈蚀的种类及容易腐蚀的部位

(一)锈蚀的种类

锈蚀通常分为化学腐蚀、电化学腐蚀和细菌腐蚀。

1. 化学腐蚀

化学腐蚀是指金属表面与非电介质直接发生化学作用而引起的损坏。如钢铁接触到氧、酸、碱、盐或其他具有腐蚀性的物质,直接起化学作用而引起的钢铁生锈的现象。钢铁在无水酒精、苯类、石油等非电介质溶液中的腐蚀,均为化学腐蚀。

2. 电化学腐蚀

电化学腐蚀是金属与电介质作用而产生的损坏,是由于金属表面产生微电池作用而引起的。电化学腐蚀比化学腐蚀更为普遍,危害性也更大。

如同电池的作用一样,不同的金属在电解液中(酸、碱、盐的水溶液),电位较低的金属容易失去电子,成为阳极而易被腐蚀,如锌比铁电位低,铁又比铜电位低,因此锌与铁、铁与铜相接触时,锌和铁分别被腐蚀。

即使是一种金属,因为内部含有杂质或组织不均匀,即存在许多微小的电极而形成微电池,结果电位较低的阳极也会被腐蚀。

电化学腐蚀也常见于同一钢铁经过加工的部位(如电焊、敲击、弯曲等),这一部位的电位比其余部位低,成为阳极而易被腐蚀,所以钢铁的焊缝或弯折处比其他地方容易生锈。

3. 细菌腐蚀

细菌在繁殖过程中,其新陈代谢的产物,如硫酸、有机酸、硫化物等,能恶化金属腐蚀环境,加速腐蚀过程。

细菌分泌的黏液,与介质中的土粒、矿物质、残废菌体、藻类和金属腐蚀产物混成混合体(黏泥),能破坏金属表面起保护作用的非金属覆盖层,为电化学腐蚀创造必要的条件。

(二)容易锈蚀的部位

(1)轻重载水线间的外板及焊缝或铆钉;
(2)流水孔下的外板;
(3)螺旋桨附近的外板及舵板;
(4)海底阀箱体及其附近的外板;
(5)被锚链经常摩擦的外板、焊缝;
(6)货油舱顶部甲板及骨架与管系;
(7)压载舱的顶甲板及骨架,船首、尾舱内的构件;
(8)厨房、浴室、冷藏库、电瓶间等处的甲板;
(9)隔离室舱内的壁板及底板;
(10)锚链舱的壁板及底板;
(11)上层建筑两端及甲板室四周的围壁板底部与扶强材的下端,围壁附近的甲板;
(12)舷窗下的围壁板;
(13)蒸汽管路通过区域的邻近钢板;
(14)煤舱区域的底板、外板、舱壁板及骨架;
(15)舱壁底列板、扶强材下端及其连接的甲板、内底板;
(16)下甲板边板;
(17)污水沟处的内底边板、舭肘板、舱壁板、外板与肋骨下端;
(18)污水井处钢板;

（19）锅炉舱的内底板及锅炉底座；

（20）锅炉舱下的干隔舱；

（21）人孔周围的内底板；

（22）货舱口附近的船壳板；

（23）在金属表面有缝隙和其他隐蔽区域内，如孔穴、垫片底面、搭接缝处、螺母和铆钉帽下的缝隙等处。

二、防腐蚀

腐蚀破坏的形式很多，引起金属腐蚀的原因是不尽相同的，因此，采用防腐蚀的方法也是多种多样的。海船船体防腐蚀的方法可分为如下几种：

（1）合理选材：根据使用地点和条件，选择合适的金属材料和非金属材料。

（2）阴极保护：利用金属电化学腐蚀原理，将被保护的金属设备进行外加阴极极化以降低或防止金属腐蚀。

①外加电流阴极保护：采用一直流电源，将负极接船壳，正极接至外加的阳极上以形成向船壳提供负电压的回路。通过控制设备使整个船体成为处于一定负压区的阴极，腐蚀微电池作用被迫停止，船壳得到了保护。

②牺牲阳极保护：在船体上装置电位较负的金属材料作阳极，它与被保护金属在电解质溶液中形成大电池，而使船体进行阴极极化，这时阳极金属因遭到腐蚀而保护了船体。

船体钢板表面，由于各部位的电极电位不一，形成无数的微电池，用电负性比钢板更小的锌或锌合金块作为阳极连接钢板表面，使之同处于海水电解质中。锌比铁活泼，容易释放电子。这些电子积聚起来，使阳极表面的电极电位向负方向移动，即阴极极化。此时微阴极释放电子的能力减小，最后可使钢板表面达到等电位，腐蚀微电池作用停止。因此，只要有足够数量的锌，就能给钢板提供充分的电子，达到保护钢板不受腐蚀的目的。

（3）金属表面覆盖层：在金属表面喷、镀、涂刷上一层耐蚀性较好的金属和非金属物质，如涂刷油漆和其他非金属涂料，使被保护金属表面与侵蚀性介质机械隔离而减轻金属腐蚀。

三、除锈工具及使用

（一）手动除锈工具

手动除锈工具如图 6-3-1 所示。

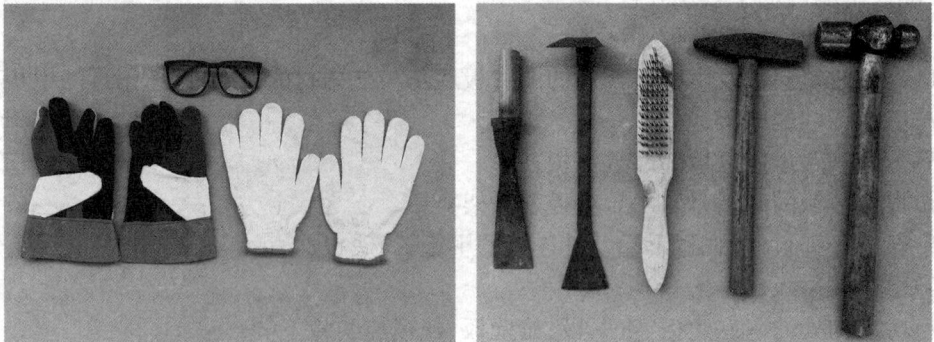

图 6-3-1　手动除锈工具

1. 敲锈锤(榔头)

敲锈锤用来敲斑点状和片状锈。敲锈时手持锤柄,利用手腕转动锤柄,根据锈的薄厚适当用力,使锤刀垂直敲击锈片,但不能损伤钢铁表面或留有锤痕。

2. 刮刀和铲刀

刮刀有弯角刮刀和三角刮刀;铲刀有木柄铲刀和钢管合金铲刀。铲刀比较锋利,双手持柄往前推铲,能较快地将粉状锈和老化漆膜铲净。刮刀适合刮圆形管柱。双手持刮刀将弯角刮刀刃与管柱接触用力拉,能较快地将粉状锈或旧漆膜刮净。

3. 钢丝刷

钢丝刷有带柄与无柄两种,且有粗丝与细丝的区别。凡是敲过的片状锈、斑点状锈或铲过的粉状锈处,都要用钢丝刷将铁面上的残锈刷尽,使之露出光泽。

4. 眼镜

在敲锈时必须戴上特制的防护眼镜,以防铁锈飞溅入眼中。

(二)机械除锈工具

1. 风动除锈器

风动除锈器一般有风锤、风轮、风刷三种。风锤借助压缩空气的作用,使锤头做高速度的伸缩运动,敲去锈迹。锤头分尖头、多角形和束状三种,在船上使用束状锤头较为轻便,如图6-3-2所示。风轮和风刷装在一根可转动的主轴上,压缩空气的冲击使主轴高速转动,从而带动风轮或风刷旋转而将锈除掉。

图 6-3-2 风动除锈器

2. 手提式电动除锈机

如图6-3-3所示,手提式电动除锈机是由电动机通过软管轴带动一个除锈器(齿轮、钢片或钢丝刷轮),与锈蚀表面碰击、摩擦而除锈。电动除锈机效率高,除厚锈可使用钢片锤头,除薄锈可使用齿轮锤头,除粉状锈可使用钢丝轮。操作时,左手把住锤柄电动开关附近,并控制电动开关;右手握住锤柄,按住和控制锤头与锈面接触。

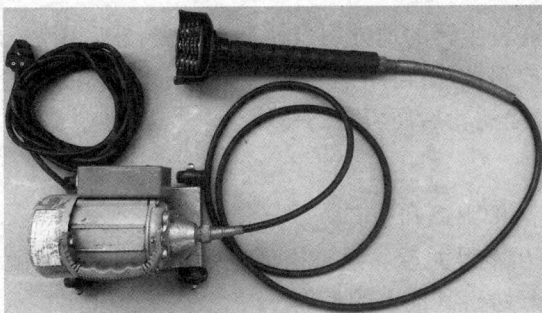

图 6-3-3 手提式电动除锈机

(三)除锈方法与注意事项

钢铁表面的锈蚀,开始时发暗,轻锈呈暗灰色,进一步发展成棕黄色或褐色,严重的呈棕色和深褐色。锈与钢铁比较,暗而无光泽,在油漆膜下面出现的锈蚀,使漆膜膨胀凸起、起泡而剥落。

钢铁表面的锈蚀,按锈蚀程度不同,一般分为薄锈(粉状锈、浮锈)、厚锈(块状锈或片状锈)和斑点锈。

1. 除锈方法

钢铁面的除锈方法如下:

(1)手工除锈

用刮刀、铲刀或敲锈榔头将钢铁表面的锈或氧化层除干净,并用钢丝刷将浮锈刷尽,使钢铁表面露出光泽,然后用棉纱头将钢铁面擦干。如有必要,还需要用铁砂布打磨一遍,用汽油或松香水清洗,将所有的油污、锈粉擦洗干净,而后才能涂防锈漆。

(2)机械除锈

①风动或电动除锈机除锈:手持风动或电动除锈机,使除锈机与金属生锈的表面撞击或摩擦。该方法除大面积和严重锈工作效率高,但还需进行复查,将遗漏的锈用手动工具除尽。

②水喷沙除锈:用3~4个大气压的压缩空气,通过软管、枪口将沙子、亚硝酸钠、乳化剂、碳酸钠等混合液,喷射到钢铁表面,利用沙子的冲击力和混合液清洗除锈。船舶在进厂坞大修时多采用上述方法除船壳锈。

(3)化学除锈

金属的锈蚀产物,主要是由该金属的氧化物和氢氧化物组成的。化学除锈就是用化学方法把金属表面的锈蚀产物溶解掉。去锈的过程中,部分金属锈蚀产物被溶解下来,而还有一部分则由于溶解过程中产生的氢气泡的机械作用而脱落下来。

化学除锈使用的材料有除锈液和除锈膏两种。

(4)大面积除锈

大面积除锈,应充分利用机械除锈工具,效率高、速度快、省力。一般先用电动除锈机除锈,根据锈的厚薄程度用铁片榔头(厚锈)或齿轮锤头(薄锈)敲一遍;然后用手动敲锈榔头将残留在钢铁面上的锈块、锈斑敲尽;再用电动除锈刷在所有敲过锈的钢铁面上刷一遍,使钢铁表面露出光泽,电动除锈刷刷不到的地方,可用手动钢丝刷;最后将除锈面打扫干净,用棉纱头擦净锈粉。如有油渍,用汽油或松香水清洗之后便可涂防锈漆。

(5)局面敲锈

钢铁面局部生锈,只需将生锈的地方用敲锈榔头敲去;然后用铲刀将敲过的地方铲成方形或圆形,并把漆膜周围铲成斜坡形;再用钢丝刷将显露出来的钢铁面上的粉状锈刷尽,使钢铁表面露出光泽。棉纱头擦净锈粉后便可涂防锈漆。

2. 除锈注意事项

(1)除锈时必须戴上防护眼镜和手套。

(2)工作人员不能相互靠得太近。锤头松动应及时修理,以免锤头脱落伤人。敲锈时不宜敲得太重而使锈片乱蹦,妨碍其他人的工作。

(3)敲锈锤不能过于锋利,使用时也不宜用力过大,以免在钢板上留下锤头痕迹。

（4）铲刀、刮刀和敲锈锤头不宜太钝，否则效率低，也消耗体力。

（5）用电动敲锈锤敲锈时，右手往下按锤头不宜太紧，以免损坏机械锤头，并注意防止电线接头漏电。

（6）敲锈工作完毕，应打扫工作场地，收拾清理工具。敲过锈的地方及时涂上防锈漆。

第四节　油漆

油漆是一种含油或不含油的胶状溶液，将它涂敷在钢铁表面上，结成一层薄膜使被敷钢铁表面与周围的介质隔离，起到防止腐蚀从而延长钢铁寿命、装饰涂面、美化环境的作用。我国有悠久的制作和使用油漆的历史，在两千多年前就利用桐籽榨取桐油，从漆树中取汁制漆。油漆这个名词就是由此而得来的。随着科学技术的发展，利用其他植物油、动物油和天然树脂配制而成的漆出现了，使油漆的品种增多了，质量也提高了。

近年来，由于合成树脂原料范围不断扩大，各种新型树脂漆日益增多，油漆原料已趋向少用或不用动植物油，油漆这个名词已不能恰当概括所有产品。因此，我国已正式采用"涂料"这个统称，但在船舶上还习惯称之为"油漆"。

一、油漆的性能

船用油漆品种较多，成分各异，质量也不尽相同。所以，了解油漆的基本性能，选择适宜的油漆品种，是关系油漆工作质量的关键之一。

船用油漆具有以下性能：

（1）附着能力：油漆是一种胶状物质，它能够依着物体表面的任何形状形成薄膜，附着牢固。

（2）快干性：油漆涂敷在物体表面，干结成膜的速度较快。硝基漆比油性漆干燥速度快。

（3）对化学盐类和水汽的不渗透性：这种性质可以使物体表面不受盐类、雨、雪、露、霜等侵蚀。

（4）耐气候性：在日光照射下，油漆不变色、不粉化和不变质；在干湿交错或温度变化的情况下，能在一定时期内保持漆膜完好。

（5）物理性的保护能力：油漆形成坚硬牢固的漆膜层，以防止物面直接受到摩擦，而使物体表面保持光滑完整。

（6）油漆能阻止钢铁面生锈，并且某些油漆有耐热、耐酸、耐碱、防水、防污（防藻）等特性。

（7）流平性：油漆涂敷在物体表面，经过一定的时间，能自动流展成平滑表面。

（8）遮盖力：油漆中的颜色能遮盖所涂布物体表面，使物体表面不能透过漆膜而显露。

（9）油漆还有各种不同的色彩和光泽：涂刷后可以提升美观度，改善环境，还可作各种管道、设备器材的特殊识别标志。

二、油漆的主要成分

油漆是一种混合剂，主要成分有主要成膜物质（固着剂）——油料和树脂；次要成膜物质——颜料、增塑剂；辅助成膜物质——稀释剂和辅助材料等。油漆的成分如图6-4-1所示。

油漆的成分
- 主要成膜物质（固着剂）
  - 油料
    - 干性油
    - 半干性油
  - 树脂
    - 天然树脂
    - 人造树脂
- 次要成膜物质
  - 颜料
    - 着色颜料
    - 防锈颜料
    - 体质颜料
  - 增塑剂
- 辅助成膜物质
  - 稀释剂
    - 溶剂
    - 助溶剂
    - 冲淡剂
  - 辅助材料
    - 催干剂
    - 其他：悬浮剂、润湿剂、乳化剂、稳定剂、催化剂等

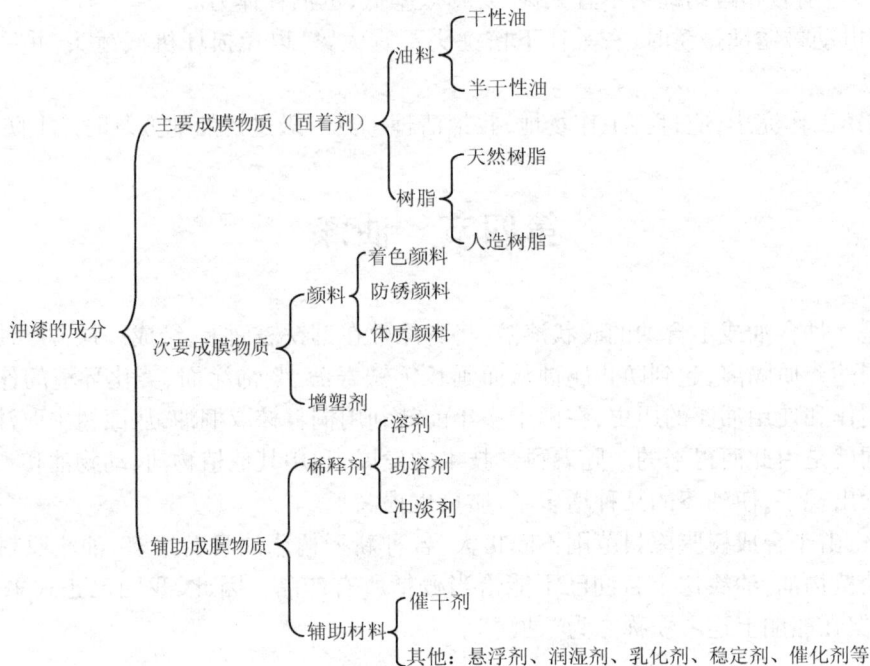

图 6-4-1 油漆的成分

（1）固着剂：使油漆干燥结硬，形成坚硬漆膜的主要成分，是主要成膜物质。固着剂有油料和树脂两类。油料有桐油、亚麻仁油、梓油等干性油。天然树脂有松香、虫胶等。人造树脂有乙烯类树脂、硝基类树脂、环氧树脂等。

（2）颜料：油漆中的固体部分，是不溶于使用介质（如油、水等）的有色或白色粉末状的物质。具有一定的遮盖力、着色力、分散度，并有鲜明的颜色和对光的稳定性等，颜料能阻止紫外线穿透，使漆膜推迟老化，延长寿命和增加强度。某些特种颜料能使漆膜具有抑制金属腐蚀、耐高温等优点。

油漆中使用的颜料可分为着色颜料、防锈颜料和体质颜料。

（3）增塑剂：又称软化剂，用在树脂油漆中以增加漆膜的柔韧性，提高附着力，克服漆膜硬脆易裂的缺点。常用的增塑剂有磷酸酯等。

（4）稀释剂：由溶剂、助溶剂和冲淡剂三部分组成。稀释剂用以溶解和稀释油漆，改变油漆的稠度，便于施工。稀释剂是一种具有挥发性能的液体。常用的稀释剂有：松香水、松节油、汽油、酒精、煤油、香蕉水以及各种混合溶剂。

（5）辅助材料：有催干剂、催化剂等。催干剂又名干燥剂，有固体与液体两种，能促进漆膜干燥。催干剂中有钴、锰、铅、钙等金属氧化剂，盐类以及它们的各种有机酸的皂类。各种催干剂中以钴催干剂的催干性最强，其次为锰、铅、铁、锌和钙等，它们的性能如下：

①钴催干剂：催干性最强，但使用过量会使油膜表干而里不干，干后漆膜硬脆、色深，不宜用于白色漆。

②锰催干剂：催干性仅次于钴催干剂，能使漆膜表里都干，干后漆膜硬脆、色深，不宜用于白色漆。

③铅催干剂：催干性较弱，但干燥过程均匀，使漆膜坚韧，耐气候性强，泛色性较小，故使用

最广,为增加催干性,须加入钴、锰催干剂。

④铁催干剂:属表面干的催干剂,只在高温时才有显著催干作用,漆膜坚韧、色深。

⑤锌和钙催干剂:表里同时干的催干剂,催干性极不明显,常与钴催干剂合用,防止皱皮。

一般成品漆内部已加入了催干剂,无须另加,如因天气寒冷,或油漆储存过久干性减退,可加适量催干剂。过量添加催干剂,易产生皱皮、老化等问题,影响漆膜质量。

三、船用涂料的种类

(一)涂料的分类

我国现已生产有上千种类型的涂料。这些品种繁多的涂料,过去有按用途分类的,有按施工方法分类的,也有按涂料的作用分类的,目前统一采取以涂料基料中主要成膜物质为基础的分类法。若成膜物质为混合树脂,则以在漆膜中起主要作用的一种树脂为基础进行分类。成膜物质分为 17 类。

(二)船用涂料

船用涂料的品种较多,有各种不同的色漆,更为重要的是不同品种的涂料,其性能也有所不同。因此,要合理选用各种涂料,达到效果好而又经济的目的。

船用涂料按其用途和性能可分为以下几种:

1. 防锈漆

(1)红丹防锈漆:它是用红丹粉、精制干性油等调制而成的,与钢铁表面接触后能形成均匀的氧化薄膜,起防锈作用。它防锈能力强,附着力好。但是铝的化合物有毒,在船上已很少使用。

(2)铁红防锈漆:它以氧化铁为原料,有较好的附着力、遮盖力,漆膜坚韧,防锈能力仅次于红丹防锈漆。它可在锈蚀不太严重的地方作底漆,也可作面漆。

(3)锌黄防锈漆:以锌铬黄为主要原料,其特点是干燥迅速,漆膜坚硬,附着力强,与面漆黏合牢固,防锈力强;主要用于各种轻金属及铝合金打底。

(4)灰色和黑色防锈漆:灰色防锈漆用锌粉或含铝氧化锌作颜料,有一定的防锈能力,耐气候性能较好;黑色防锈漆是用氧化铁作原料,也具有一定的防锈能力,一般用作面漆。

(5)铝粉铁红防锈漆:它以氧化铝为主要原料,漆膜坚韧,附着力强,受高温烘烧无有毒气体,防锈能力强且干性快,用于船体分段打底及金属防锈。

2. 调和漆和瓷漆

调和漆是用精炼干性油、颜料和溶剂等配制而成,它的附着力和耐气候性能都很好,并有一定的防锈能力,但干燥较慢,漆膜较软,适用于室外面漆。

瓷漆是用清漆和颜料配制而成。它和调和漆相似,但质量较好,干燥快,光泽好,颜色鲜艳,漆膜平滑坚韧。瓷漆分室外用和室内用两种,室外用瓷漆的耐水性和耐气候性都比室内用瓷漆好。

3. 清漆

清漆是以树脂为主要成膜物质的淡黄色透明的油漆,有油基清漆和硝基清漆两种:

(1)油基清漆,又称凡立水,是用树脂、干性油和溶剂等配制而成的,漆膜坚韧、光亮平滑、不会有刷痕,适用于木质及室内家具表面罩光用。

(2)硝基清漆,又称清喷漆,是以硝化纤维素为基础加入其他树脂、增塑剂等制成的。其具有干燥快、漆膜坚韧、耐磨、光亮和耐久性等特点,适用于室内木家具。

4.甲板漆

甲板漆是直接涂刷铁质甲板的面漆,它具有良好的附着力、耐海水、耐摩擦洗刷、耐日晒、防锈蚀和防滑等特性。

5.船壳漆

船壳漆是涂在重载水线以上船壳部分的油漆,也可涂刷上层建筑、甲板室外部、桅杆等部位,它具有附着力强,漆膜光亮,耐气候性好,能经受风雨、日晒和具有柔韧性、快干性等特点。船壳漆有各种颜色的油性船壳漆、酚醛船壳漆、醇酸船壳漆、氯化橡胶醇酸船壳漆等。

6.水线漆

水线漆是涂在船舶轻载水线和重载水线之间的油漆。它具有良好的附着力,干燥快,漆膜坚韧,在海水浸蚀、日晒、浪击、干湿交替的情况下不易脱落、起泡和破裂的特点,还具有毒杀海藻的防污作用,常用的有各种颜色的酚醛水线漆、氯化橡胶防污水线漆、AC-15铝粉防锈漆、铝粉氯化橡胶水线底漆、氯化橡胶水线漆等。

7.船底漆

涂在船舶轻载水线以下船壳部分的油漆称为船底漆。这部分船壳浸在水中,只能在船坞内涂刷。因此,除要求它具有防锈、防污的性能外,还需有耐火、快干、附着力强的特点。船底漆包括以下三种:

(1)打底漆:在除净锈的船底钢板上涂刷两度。它具有防锈、防水、防盐分渗透的特性,附着力强。常用的有铝粉沥青底漆。

(2)防锈漆:涂在底漆与防污漆之间的媒介层。它具有漆膜坚韧,能和底漆与防污漆牢固附着的特性,并有良好的防水性,可隔绝铝粉打底漆和含铜绿的防污漆的接触,以免发生电化学作用而影响油漆的效果。常用的防锈漆有沥青船底漆。

(3)防污漆:它是涂在船底最外层的掺有化学毒素的油漆。漆中掺有氧化铜、氧化汞、氧化氯等,能杀死海生物,因而又称防藻漆。常用的有沥青防污漆。

8.水舱漆

水舱漆是涂于水舱内的油漆。它可以防止水舱生锈,有耐腐蚀、耐霉菌等作用。常用的水舱漆有无溶剂环氧树脂水舱漆。它气味小,常温下固化成膜,有耐油、耐水及耐油水交替性能。水舱漆分底漆、面漆两种,施工时注意气温不能太低。

9.油舱漆

油舱漆是油船货油舱或燃料油舱涂刷的防腐蚀油漆。石油及其产品中的有机酸和硫腐蚀力较强,货油舱经常与海水交替装载,或用高温高压海水洗舱,更加速了油舱的腐蚀,因此要求涂料具有附着力好、耐腐蚀、耐油和耐冲击的特点。常用的油舱漆有环氧铝粉油舱漆与环氧铁红油舱漆等。

10.烟囱漆

烟囱漆具有耐高温的特性。一般先用黑酚醛烟囱漆打底两度;然后用锌黄防锈漆涂一度;

最后按烟囱标记所需的颜色涂刷面漆;也可用银粉漆打底,再涂刷面漆。

11. 银粉漆

银粉漆具有防锈、耐热、反光的性能,常用于发热的管路、暖气片、热机器上,也可用作烟囱的底漆。银粉调和漆是将银粉和油料分开盛装,将两者调和均匀使用,调和后不用会失效。

12. 防火漆

防火漆的漆膜遇热分解产生不能燃烧的气体或气泡,可起隔离作用,阻止或延缓燃烧。它是用酚醛树脂制成的,或是用氯化橡胶与醇酸树脂配制而成,或是用四氯化苯与醇酸树脂配制而成。防火漆常涂刷在旅客舱室和仪器设备上。

13. 沥青漆

沥青漆价廉、防锈、防腐、耐水、易干,但不耐日晒。锚链舱、锚、锚链、污水沟、污水井等处都应涂刷沥青漆。

14. 带锈底漆

带锈底漆涂刷在有残余锈蚀的金属表面上,具有减缓锈蚀的效果。它通过渗透、转化、稳定等作用,将金属包封,与腐蚀的介质隔绝,使锈层钝化,借以达到防锈和保护的目的。根据不同的机理,带锈底漆可分为以下三种:

(1)渗透型带锈底漆:它是利用漆料对铁锈的浸润、渗透作用把铁锈分隔,包围在漆料中,阻止锈蚀的发展,并借助颜料起防锈作用,如油性红丹漆。

(2)转化型带锈底漆:它是利用各种能与铁起反应的物质,把活泼铁锈转化成对钢铁面起保护作用的钝化膜,阻止钢铁锈蚀。其通常用磷酸黄血盐、磷酸丹宁酸制成的转化液与成膜液、溶剂等调配而成。

(3)稳定型带锈底漆:它是依靠活性颜料的组合,在成膜后通过缓慢的水解而相互作用,与活泼的铁锈形成难溶的物质,抑制锈蚀的发展。其常用铁红、氧化锌等多种活性颜料和防锈漆料、溶剂等调配而成。

上面是几种船上常见的油漆。此外,为了适应具体需要,还有许多特种涂料,如电气部分采用的绝缘漆,尖舱和污水沟涂刷的水泥涂料等。

随着工业技术的发展,也不断出现新的涂料,如各种纤维漆、乙烯类树脂漆、橡胶漆、水乳化漆和不去锈涂料等。

四、船用油漆的配套使用

使用船用油漆应注意上层油漆与下层油漆的配套,否则会引起漆膜之间附着力减弱,易脱落,漆膜开裂、粉化,破坏防锈防污作用,底漆渗漏等不良后果。

1. 在旧油漆膜上面涂漆时的配套油漆

在旧油漆膜上面涂漆配套表可参照表6-4-1。

表 6-4-1　在旧油漆膜上面涂漆配套表

下层油漆种类	上层油漆种类							
	油性系漆	沥青系漆	氯化橡胶系漆	环氧树脂系漆	焦油环氧系漆	乙烯系漆	耐酸树脂系漆	酚醛树脂系漆
油性系漆	◎	△	×	×	×	×	○	○
沥青系漆	×	◎	△	×	○	×	×	×
氯化橡胶系漆	○	○	◎	○	○	○	○	○
环氧树脂系漆	○	○	○	◎	○	○	○	○
焦油环氧系漆	○	○	○	△	○	○	○	○
乙烯系漆	○	○	○	○	○	◎	○	○
耐酸树脂系漆	○	△	△	×	×	×	◎	○
酚醛树脂系漆	○	△	△	×	×	×	○	◎

注：◎——最佳；○——可以；△——要注意；×——不能用。

2. 在新油漆膜上面涂漆时的配套油漆

在新油漆膜上面涂漆配套表可参照表 6-4-2。

表 6-4-2　在新油漆膜上面涂漆配套表

下层油漆种类	上层油漆种类							
	油性系漆	沥青系漆	氯化橡胶系漆	环氧树脂系漆	焦油环氧系漆	乙烯系漆	耐酸树脂系漆	酚醛树脂系漆
油性系漆	◎	×	×	×	×	×	△	○
沥青系漆	△	◎	×	×	○	×	×	×
氯化橡胶系漆	×	○	◎	○	○	○	×	○
环氧树脂系漆	○	○	○	◎	○	○	○	○
焦油环氧系漆	○	○	△	△	◎	○	○	○
乙烯系漆	○	○	○	○	○	◎	○	○
耐酸树脂系漆	○	×	△	×	×	○	◎	○
酚醛树脂系漆	○	×	×	×	×	×	○	◎

注：◎——最佳；○——可以；△——要注意；×——不能用。

3. 防污漆配套

船底防污漆中一般含有铜化合物及有机毒料，与含铝粉的底漆接触会发生电化学作用，影响化学防锈作用及防污漆的放毒能力。因此在防污漆与含铝粉底漆中间应有隔离层油漆（如沥青船底漆）。

五、船用油漆调配

1. 调和漆的调配

调和漆是成品漆，开桶后经调匀即可使用。3.7 kg 以下包装的各种油漆，开桶前先将桶摇动，开桶后用调漆棒上下搅拌，将颜料和调料调匀，最好先把桶内油漆倒出一部分，用调漆棒将桶中的沉淀油漆搅拌均匀，然后边搅拌边加入倒出的油漆，比较省力。如果是 18.5 kg 以上包装的油漆,最好先将桶颠倒放置一两周,使桶底的沉淀松动,再按上述方法搅拌均匀。

如果冬季使用,油漆太稠时,可加少量的稀释剂,催干剂不宜多加,否则影响漆膜的质量。防锈漆尽量不加入稀料,以免影响防锈效果,当漆太稠时酌情加配套的稀释剂调稀。

2. 色漆的调配

如果需用某种颜色的漆而船上没有储备,则可以自行调配。要配好所需要的颜色,应知道各种颜色的变化范围。所有的色彩都是由红、黄、蓝、白、黑五种基本颜色组成的。各种颜色都可由红、黄、蓝三种最基本颜色调成,这三种颜色被称为基色。图6-4-2所示中实线三角所指为基色,虚线三角所指为相邻的两种基色拼成的复色。基色或复色加入白色可得到较淡的色彩。

调配颜色时应注意:

(1)调配色漆只限于同一品种的油漆,否则油漆会变质。

(2)在大量调配前先调配少量做试验,最好在建筑物的明、暗两面试涂,待干燥后来决定是否符合要求,再大量配制。

(3)用染色颜料调色时,应将干颜料用稀释剂溶化均匀,然后少量多次地慢慢加入油漆中,切不可加入过多,以防颜色过深不符合要求。

(4)调配前,应估计好用量,一次调配成,避免用量不够再调配第二次,产生色差。

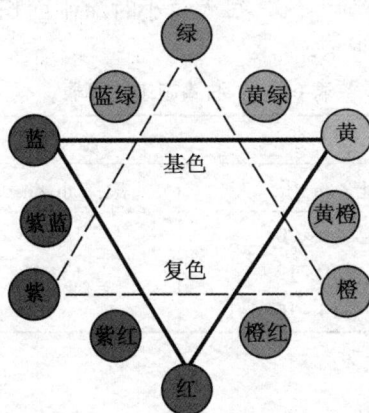

图6-4-2 色圆图

六、油漆用量的估算

油漆的涂盖面积与底质、气候、涂刷技术等有关。一般在平滑钢板上用刷涂,每千克油漆可涂盖10 m²左右,旧钢板上涂刷面积要少些,使用滚刷涂盖面积要少6%~10%。沥青漆和铝粉漆的涂盖面积较大些。

船壳涂刷面积可按下列各式估算:

1. 重载水线以下面积(A_1)

$$A_1 = 2.6\sqrt{D \cdot L} \ (m^2)$$

式中:D——满载排水量(t);

L——船长(m)。

2. 轻重载水线之间面积(A_2)

$$A_2 = 2.03L(T_1 - T_2)(m^2)$$

式中:L——船长(m);

T_1——满载吃水(m);

T_2——空载吃水(m)。

3. 船底面积(A_3)

$$A_3 = A_1 - A_2 (m^2)$$

4. 重载水线以上面积(A_4)

$$A_4 = 0.6LB + 2LH(m^2)$$

式中:L——船长(m);

B——船宽(m);

H——重载水线至上甲板高度(m)。

油漆涂刷工时估算:

每人每小时涂刷面积与气候、涂面部位、油漆稠度等情况有关。

$$涂刷工时 \approx \frac{涂刷总面积}{每人每小时涂刷面积}$$

油漆施工估算表如表 6-4-3 所示。

表 6-4-3　油漆施工估算表

施工部位	施工方法		
	刷涂 m²/h·人	滚涂 m²/h·人	喷涂 m²/h·人
船底	15~20	18~25	
舷外	10~12	13~18	为刷涂的 4~6 倍
舱内平滑部	14~16		

第五节　油漆作业

一、涂面的处理

油漆的防护作用除依靠本身质量和性能外,在很大程度上取决于被涂面的处理和是否正确施工。处理不当会影响油漆的附着力或降低防护作用,甚至漆膜会损坏,失去作用。

1. 铁质表面的处理

(1)铁质表面无锈,漆膜表面因长时间暴露、洗刷,已无光泽或已损坏,需要涂漆。涂漆前应先将漆面上的灰尘、脏物、油渍洗刷干净,待干燥后才能涂漆。

(2)钢铁表面的漆膜老化,底层漆膜已无防锈作用,应将漆膜全部铲除。如果钢铁表面已生锈,按锈的程度首先用除锈工具敲、铲、刷,将锈除尽;然后用棉纱头擦干净,如果有油渍可用棉纱头蘸煤油或松香水擦净;最后涂两度防锈漆和两度面漆。

（3）如果钢铁表面局部生锈,可将有锈的地方用敲锈榔头将锈敲去;然后用铲刀将敲过的地方铲成方形或圆形,并把方形或圆形四周铲成斜坡状;最后用钢丝刷去粉状锈后,涂两度防锈漆和两度面漆。

（4）如果是新钢板,必须将其表面的氧化铁除净,方可涂刷防锈漆和面漆。

（5）所有电焊过的部位都要用榔头和钢丝刷将电焊药皮、氧化皮、电焊渣除净后,才可涂刷防锈漆。

2. 木质面的处理

（1）涂刷木质面油漆前,应使木面充分干燥,以免涂漆后漆膜起泡脱落。

涂刷木质面油漆一般应按下列工序进行:

①砂磨:木质结构涂漆之前,应用细砂纸仔细地砂磨,表面磨得越平越好。砂磨时,要顺着木纹方向,如果是较大的平面,可将砂纸包上一小块方木板在木面上轻磨,使木面平滑。

②填补油灰或油性腻子:木质结构涂漆之前,应把表面的凹痕、裂缝、钉眼等处用油灰填平整。待油灰干燥后,须用砂纸将填补处磨得与木面一样平。

③涂调和漆前,最好先用漆油涂刷一道打底,可避免木材吸收油漆的油分而使漆膜失去光泽和耐久性。

④如果木材带有松香质,则应先涂一道油基清漆,将松香质封闭,然后才可涂调和漆,否则漆膜会经久不干。

⑤如果木结构表面漆膜已老化,需要"出白"重新涂漆时,可用去漆剂或大苏打溶剂涂刷在旧漆膜上,待旧漆膜变软后将其刮掉,再用清水洗刷干净,待干燥后按上述①、②、③各道工序处理。也可用喷灯的火焰将漆膜烧软,边烧边刮,即可把旧漆膜刮掉。如果不将旧漆膜刮掉,新漆上后不久,便会因旧漆的老化、松弛脱落而随之脱落。

（2）木质家具涂漆前,应避免受潮,如潮湿应晾干,再按下列工序进行。

①砂磨:木质家具涂漆前,应用细砂纸仔细地砂磨,将表面磨得越平越好。

②填油灰:在打底前,应用填料将表面缝隙、凹洼处填补好,待干燥后用细砂纸磨平。

③涂底色:根据需要和习惯涂上需要的颜色,涂色有油调和水调两种。油调即将色粉加入油漆中调和,水调即将色粉加入水中调和,涂在木质家具表面。使用水调涂底色,一种是涂上后,即用布抹一遍,将浮在表面的着色剂抹去,即湿擦;另一种是待底色干燥后,把浮在表面的着色剂用布或漆刷刷净,即干刷。油调着色剂涂布在木面上后,要用布抹擦数遍,着色效果较佳。

④涂清漆:一般是涂刷两道以上油基清漆或是涂刷一道油基清漆后再涂刷两道硝基清漆;也可在着色后直接涂刷数道硝基清漆,最后涂擦上光蜡,使漆面更光亮。这一道工序称为"罩光"（高质量装饰性漆面常采用）。罩光后,漆面具有稳定性和均匀的光泽,并有防水保护作用,增加漆面耐久性。

二、油漆工具

船上涂刷油漆最常用的方法是用漆刷涂刷。漆刷是用猪鬃、其他兽类的毛或化学纤维制成,常用的种类有扁刷、圆刷、笔刷、弯头刷和滚筒刷。大面积涂刷油漆使用滚筒刷最合适,工作效率高但漆纹不整齐,有的地方仍需要用扁刷加工整顺。扁刷的应用很普遍,涂刷漆纹很整齐。圆刷目前使用较少,它的优点是蘸油量较多,绑长杆涂刷高、远处时使用。笔刷用来写水尺、载重线标志及船名等。弯头刷则用来涂刷难涂的角落和缝隙。常用的涂刷工具如图6-5-1所示。

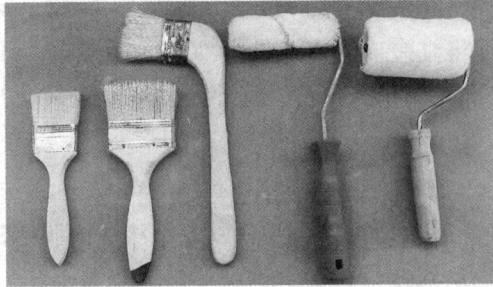

图 6-5-1　常用的涂刷工具

三、油漆作业

(一)刷涂法

握油漆刷习惯握法有两种:一种叫握笔式,另一种叫握锤式。涂刷小型设备或角落处,多采用握笔式;涂刷天花板或大面积涂面时,则采用握锤式的握刷方法较省力且比握笔式效率高。

油漆刷蘸油漆时,不宜多蘸,约蘸刷毛的 1/3~1/2,特别是涂刷仰面时,更应少蘸。为避免油漆下滴,漆刷离开漆桶前应将刷毛朝上。涂刷几次后,将漆刷在桶边上刮几下,以防油漆流到刷柄上或滴落下来。

每蘸一次漆,涂刷面积要适当,涂布油漆时,一般是先将油漆在一定面积内涂布均匀,然后整顺刷纹。

涂刷油漆时,应布漆均匀,薄厚适当,刷纹整齐,并做到三顺:

一要顺水,如船壳外部一般采取左右涂刷刷纹;上层建筑采取上下涂刷刷纹。

二要顺纹,如木质涂面上的刷纹应顺着木纹涂刷。

三要顺光,如舱室内天花板的刷纹,最好是顺着光线射入的方向。

如涂面上涂两种不同颜色的油漆,例如船壳轻、重载水线交接处,上层建筑的下部与甲板交接处,必须刷直。一般是先涂刷上部的浅色漆,后涂刷下部的深色漆。

施工表面要全部涂刷到,在洞眼、凹缝、凸出处,要用漆刷旋转直涂,并使涂面不遗漏和油漆不流挂。

如用滚刷滚涂船体、甲板、围壁等面积较大涂面时,应将滚刷在盛有油漆的桶内带孔平盘上滚动蘸漆,再移至施工面上,以轻微压力滚动,在施工面上形成一均匀涂层。要防止滚刷蘸油漆过多,移刷时油漆滴落下来,污染水面和甲板;也要避免油漆未涂布开,堆积在小面积内,使漆膜存在过厚而不干、流挂、起皱等缺陷。

(二)喷涂法

喷涂法利用压缩空气机发出的喷射气流,经喷枪的喷嘴,将漆液喷成雾状,均匀地覆盖在涂面上。其特点是施工效率高,适于喷涂大面积的涂面,能使有缝隙或小孔、凹凸不平的涂面都能得到均匀分布的涂层,且涂层光亮美观。喷涂时,喷嘴与涂面的距离应保持在 20 cm 左右的适当距离。如距离太近,涂面会产生油漆流挂现象;距离太远会发生喷雾干结,涂面产生有漆粒的缺陷。压缩空气的压力至少应保持在 8 kg 或 0.8 MPa。喷涂工具如图6-5-2所示。

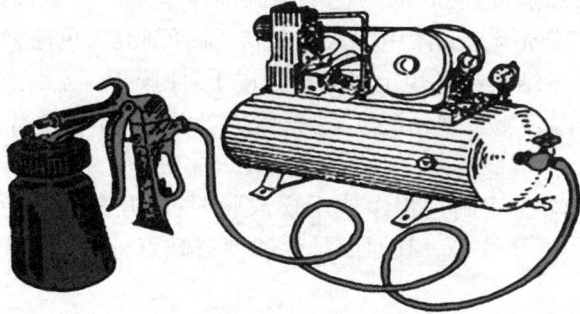

图 6-5-2 喷涂工具

喷涂时,应从上向下喷成一条带状,然后将喷枪向右移动,再自上向下喷成第二条漆带,而后依次进行。相邻喷带要重叠约1/3,喷枪移动的速度要均匀。

喷涂完毕后,应用稀释剂将喷枪中的油漆洗干净。否则,油漆干燥后会堵塞喷嘴而使其无法使用。用过的稀释剂要放在密封桶内,还可以在下次使用。

喷涂多使用硝基漆(喷漆),若使用油基漆,应多加些漆油和松香水稀释,使其具有 5%~7.5%的黏度。

喷涂的缺点是有相当一部分漆液会随着空气扩散而损耗;需反复喷涂几次才能获得一定厚度的漆膜;扩散在空气中的漆料和溶剂对人体有害。因此,在必要时应戴防护面罩进行工作。在通风不良时,漆雾容易引起火灾;溶剂在空气中达到一定浓度时遇火会发生爆炸。

(三)油漆作业注意事项

1. 注意气候

涂刷油漆,应在干燥天气且气温在 5~25 ℃时进行;在烈日下、雨天、潮湿等天气不宜进行,刮风天气也不宜在船体外部涂刷油漆。因为稀释剂挥发快,油漆不易涂布开,同时风吹起的灰沙污物粘到漆膜上,会影响美观。

2. 漆膜厚度

涂布油漆的厚度要适当。漆膜厚了,会产生流挂、起皱、长时间不干等缺点,而且还浪费油漆;涂布薄了,遮盖不住底层颜色影响美观和效果,而需再涂一度,费工费料。

3. 涂刷时间间隔

涂刷每度油漆的间隔时间,因各种油漆的干燥时间不同而有所差异。一般油漆需 4 h 达到表面干燥,24 h 达到实际干燥。如果第一度油漆没干透就涂刷第二度油漆,则第二度油漆干燥时间会延长,待表面油漆干燥后,下层油漆很难干透,从而造成漆膜皱皮或裂纹。

4. 在施工中及以后发生的缺陷

(1)流挂:除因涂布油漆过厚会使垂直的涂面上或突凸的铆钉、电焊部位等处出现流挂现象外,其主要原因是漆的黏度过小,漆中含有重质颜料太多,或溶剂挥发太慢等。可酌情提高施工黏度,或采用挥发性快的溶剂。

(2)咬底:是指油漆中的溶剂使底部漆软化膨胀而咬起。咬底的主要原因是底部漆未彻底干燥,与含有强溶剂漆接触便会出现咬底现象。必须使底部漆充分干燥,勿在油性漆面上涂盖挥发性漆或乱用溶剂。

(3)渗色:面漆把底漆溶解,使底部颜色渗透到面漆上来。一般面漆色浅而底漆色深,出现渗色的现象较明显。其原因是底漆中混入了颜料,稀释剂混入色漆,底漆未干等。

(4)慢干和返黏:油漆结膜超过规定时间称为慢干;漆膜干燥后经过一段时间逐渐出现黏指现象称为返黏。其原因是施工现场湿度太大,涂面处理不干净,含有润滑油,木质表面有松香脂,催干剂失效等。

(5)发花:各种复色漆在涂刷过程中或干燥成膜时,漆膜颜色和色调会发生不均匀的现象,这些现象有浮色、泛金、丝纹等。其原因是除油漆有缺点外,还有调漆时黏度不当,涂刷太厚,使用溶剂不当。

(6)发笑:油漆在刷涂中,漆膜收缩形成露底,出现麻点、花脸、笑口等。这是表面张力不平衡而导致局部的急剧收缩引起的。发笑产生的原因较多,如漆对物面的润湿性不良,被涂面太滑或有残留油腻、酸、碱等杂质。因此,所用工具要清洁,涂面要清洁,不能沾有硅油之类的物质。

(7)橘皮:漆膜表面呈现许多形似橘皮模样的漆膜。其主要原因是涂刷不当、施工现场湿度过高或过低、使用溶剂不当等。

(8)皱纹:漆膜在干燥过程中,由于急剧收缩所占面积大于底部未干燥的面积,四面无处伸展而导致向上收拢,所形成弯曲棱脊。皱纹产生的原因较多,如油漆未涂布开、堆积在一处、干燥剂使用过量或干燥剂使用不当等。

(9)针孔:漆膜上出现圆形小圈,中心有固体粒子,周围为凹入圆窝的现象。这种缺陷与发笑基本类似,只是孔眼较小,通常在清漆或含颜料较少的瓷漆中出现较多。针孔的产生主要是因气泡的存在、漆中有水分等,此外还有如下因素:溶剂选择不当;黏度、温度过高,油漆搅拌后放置时间很短而涂布时用力过大,使刷子挤出空气,形成的气泡来不及释放出来。

(10)起泡:起泡产生的原因很多,一部分原因为施工不当;另一部分原因是在漆膜底部有潮气或溶剂存在,造成底部水分或溶剂的逸出而导致漆膜鼓起气泡。

(11)发汗:指漆膜上有油脂等从底层渗出的现象。造成这种缺陷的主要原因是底层矿油蜡质或底漆里没有挥发掉的溶剂把面漆漆膜重新溶解。树脂含量较少的亚麻仁油或熟油的膜很容易出汗,一般是由潮湿、黑暗和温暖的环境所造成,尤其是通风不良的场所更易出现。

(12)变黄:白色、淡色或透明的漆膜,在阳光暴晒或在黑暗不见光线的地方,都会使漆膜变黄。大部分油类在干燥过程中继续氧化生成分解的物质带有黄色,如亚麻仁油、桐油、酚醛树脂等都容易变黄。变黄的原因是过量地加入了干燥剂。

(13)失光:漆膜干燥后有光泽,但经过较短时间就会出现光泽逐渐消失的现象。原因是涂面处理不干净、上面留有矿物油等;漆膜受冷、热而剧变;误用不配套的溶剂;木质表面油分渗入细孔等。

(14)粉化:这是漆膜失光以后发生的一种现象。其原因是漆膜经受日光、水汽、氧气、海洋气候等作用,出现粉层现象。因此,室外涂油漆须选用室外用的油漆;施工时,漆膜要达到足够的厚度,必须配套使用,漆膜没干透之前切勿受雨淋等。

(15)开裂:漆膜在老化过程中产生收缩,使漆膜内部收缩力超过漆膜本身的内聚力,促使漆膜出现粗裂、细裂、龟裂等现象。避免方法是:油漆在使用前应充分搅拌均匀;必须使底漆充分干燥后方可涂面漆;使用的油漆必须配套;避免施工场所温度和湿度变化太大等。

5. 其他注意事项

(1)油漆内含有大量挥发性溶剂,人体过量吸入会中毒,对含有铜化合物及有机毒料或有毒性颜料的油漆更应防范。工作场所应通风良好,操作时应穿戴防护用品。在油漆未干前禁止在舱内睡觉。

(2)油漆施工场地禁止使用明火。不能乱丢沾过油漆或松香水的棉纱头,以防其自燃而引起火灾。

(3)每桶油漆都应搅拌均匀,防止桶底积有沉淀的颜料,否则会影响漆膜的质量和造成浪费。没有使用完的油漆应集中到一个桶内,将桶盖密封,以防油漆表面结皮、变稠。

(4)铝合金、镀锌板及部件上,不可涂刷含有铜、汞、铅、锌黄和铁红作颜料的底漆。

四、油漆及油漆工具的保管

1. 油漆的保管

(1)油漆是化工制品,不宜长时间存放,以免产生沉淀和变质。各种油漆都有一定的储存期限,一般为6~18个月。因此,领用油漆应有预算,以免造成浪费。

(2)油漆间应干燥通风,阴凉隔热。油漆间的温度最好在20℃左右。

(3)油漆间应注意防火。有的油漆还能产生氢气等可燃气体,遇火可能燃烧爆炸,要注意经常检查漆桶有无破漏。

(4)油漆在储存中常发生的不良现象。

①浑浊:各种清漆和清油应该是透明的胶体溶液,由于所用原料和制造工艺不同,发生浑浊的程度和补救方法也不同。

醇酸清漆、酚醛清漆,由于制造时熟化时间不够,各种干料含有水分和油中含有蜡酯等,在低温中容易析出。储存温度应保持在20℃左右为宜,如发现浑浊可将清漆加温到65℃,便可暂时去除。硝基清漆可酌情加丙酮、醋酸丁酯、丁醇等来解决。

②变厚:油漆在储存过程中,往往由于漆料聚合度、酸值过高,颜料中含有水分,水溶性盐未洗净或储存过久,漆桶漏气,溶剂挥发等原因,造成油漆变厚。醇酸漆、硝基漆可加入丁醇来稀释,油性漆可酌情加入适量松香水来稀释。

③沉淀:各种油漆由于杂质和不溶性物质的存在,颜料比重不同,往往在储存过程中会发生不同程度的沉淀现象,用干净木棒充分搅拌均匀后即可使用。如沉淀严重至干化不能使用时,应充分搅拌均匀,用100~120目铜丝布过筛后方可使用。

④结皮:油漆在储存过程中,往往会在表面上结出一层薄皮,主要是桶盖不严,油漆与空气接触或漆中含有桐油,聚合度过高,干燥剂用量过多等原因造成。如遇此情况,要揭去薄皮并且不遗漏。切勿强行搅拌,以免薄皮混入漆中形成颗粒,破坏漆膜的耐久性和美观。

⑤变色:褪色最显著的例子是含有铁蓝的蓝色漆或草绿色漆,在储存中会褪色,但涂膜暴露在空气中即可恢复。还有的漆变色是由于所用颜料比重不同,储存日久,颜料下沉或上浮和搅拌不均匀。

⑥粗粒:粗粒是不易发现的,涂刷后在平滑的漆膜上散布有颗粒的原因是:

a. 漆面结皮破碎混入漆中,或混入灰尘杂质;

b.容器盖不严密,有潮气渗入,促使铅干料沉淀析出呈粗粒状;

c.碱性颜料与高酸值漆料化合成皂粒等。

如发现粗粒现象,应将漆过滤后再使用。

⑦漆桶变形:如果储存地方不当,在天气炎热时,桶内温度增高,桶内溶剂逐渐变成气态,使密封的漆桶缓缓膨胀,若不及时处理,漆桶可能发生爆裂。遇到这种情况,可将桶盖松开,使桶内气体逸出,然后盖严,移至阴凉的地方储存。

2.油漆工具的保管

(1)连续使用的油性漆刷,暂不用时将刷毛全部放在水槽中;较长时间不用时,应用松香水或煤油将漆刷洗净,再用温肥皂水和清水洗净晾干后存放。

(2)使用新刷时,应将新刷用温水浸洗,可防止刷毛脱落或刷毛太硬。

(3)每次涂刷完毕,应将桶内剩漆用漆刷刮净,将剩漆集中在一个桶内。如果桶内积的漆皮较厚,可用微火将漆皮烧掉,然后用刮刀刮净,再用棉纱头擦干净。

第六节　船体保养工作中的安全技术

船上的油漆工作,除了船底部位是在船坞进行外,其他部位都在水手长领导下进行。因油漆施工部位不同,操作方法和步骤也略有不同,其中以舷外作业和高空作业比较困难,必须做好安全准备工作,掌握安全操作技术,以免发生意外事故,同时提高工作效率。

一、舷外作业

环境条件许可时,最好是在锚泊或系泊浮筒时进行船壳的油漆保养,以免灰尘、煤烟等附着在油漆表面;在涂刷水线时,如风平浪静,可用小艇进行。如在码头靠泊,也可选择有利时机进行舷外作业。具体操作可见视频十七。

舷外作业工具如图6-6-1所示。

视频十七

图 6-6-1　舷外作业工具

(一)船体中部的舷外作业

船体两舷中部的船壳一般比较平直,便于搭架板进行保养工作,舷外搭架板应用的工具有:

(1)架板(俗称跳板):木质,长2.5~3.5 m,宽约40 cm,厚2.5 cm以上。

(2)架板绳:绳周51~64 mm,纤维绳按船舶大小、船舷的高低配备;架板绳一般用30 m左右长度的绳索两根,拴在架板的两端。

(3)安全带连保险绳:保险绳采用绳周38~51 mm的白棕绳或尼龙绳。

(4)安全帽、工具桶、工作软梯等。

舷外搭架板如图6-6-2所示。

图6-6-2 舷外搭架板

1—架板;2—支撑木;3—架板绳;4—工作软梯;5—小绳;6—工具桶;7—架板活结;8—架板结

操作步骤如下:

(1)把搭架所需工具抬到工作地点,首先检查架板及其支撑是否牢固,架板绳是否有霉点或磨损过大、断股等现象,如有以上现象必须换新,确保工作安全。

(2)将架板绳中间部分在架板两端各打上架板结,如图6-6-3所示。架板有支撑的一面是反面,没有支撑的一面是正面,在架板两端打好架板结后,把架板抬到舷外;支撑长的一端朝里,短的一端朝外,把外挡的架板绳拉起,让它吃力,里挡的绳子放松,使架板正面朝里、反面朝外。把架板放到所需的工作位置上,再放松外挡的绳子,使架板的正面在上、反面在下,并将架板放平。然后将两根架板绳在舷边栏杆上打一架板活结,如图6-6-4所示。有的舷边没有栏杆只有舷墙,则可将架板绳在舷墙上面的铁环上打一丁香结加半结系牢或挽在羊角上系牢。

(3)架板搭好后,操作人员系上安全带,接牢保险绳。保险绳的长度要适当,以架板至舷边栏杆间的高度为准,将保险绳的一端用单套结系在栏杆上(或舷墙上其他坚固牢靠的眼环、羊角等)。

如果架板放下的位置距离甲板位置稍低,工作人员可跨出栏杆或舷墙,两手握住架板绳,两脚的前掌抵在船壳板上,两腿稍微弯曲,臀部与足跟约齐平,手脚交叉一步一步地向下挪动,或两脚夹住绳索滑下。下到架板后,先用力蹬一蹬,试一试架板是否牢固,并使架板上的绳结吃力,然后再开始工作。如果架板放得太低,可先放下软梯,由软梯下至架板。

图 6-6-3　架板结　　　　　　　　　　　　　　　　　图 6-6-4　架板活结

(4)当工作人员在架板上站好后,甲板上的协助人员把工具放在工具袋或铅桶中,用小绳吊至离甲板适当高度绑好,以便架板上的工作人员取用。

(5)工作完毕后,甲板上协助人员先把工具吊上来。如架板放得不是过低,可用两手抓住架板绳,顺绳爬至甲板,姿势与下板相同。如果架板位置很低,可顺软梯爬上,上下软梯时,双手握住软梯的一边绳索,一脚在里挡,一脚在外挡,以免软梯摇摆不定。

(6)工作人员上来后先脱掉安全带,解开保险绳,由两人同时用双手拉起外挡架板绳,将架板拉上甲板,解除绳结,整理绳索,把全部工具放回原处。

(二)船首、船尾舷外工作

因船型关系,首、尾部的两舷是向里凹进的,因此,船首、船尾部分的舷外作业比船中部分困难。现在船上采用的方法有两种:一种是用搭架板的方法进行工作;另一种是用船上的吊杆,工作人员在特制的工作架内开动起货机,用吊货索将工作架伸出船首或船尾的舷外以进行操作。

1.船首、船尾架板步骤

(1)当架板搭好,工作人员下至架板,工具也送下之后,还必须用一根周长为 51～64 mm 的纤维绳作为制动架板绳,在首或尾一舷甲板上固定后,再绕到另一舷甲板上,逐渐收紧,直到能工作后再将其系牢在甲板上;然后用小绳(绳周 25 mm,长约 3 m 的纤维绳)把拉拢绳和架板绳扎紧,以免拉拢绳滑动。

如船壳上焊有小铁环,工作人员下至架板后,即用小绳将架板和小铁环连接起来,绑在架板绳上,使架板靠近船壳,便于工作。

(2)首尾搭架板时,工作人员一般由绳索溜下、爬上或用工作软梯上下。

图 6-6-5 所示为船首搭架板。

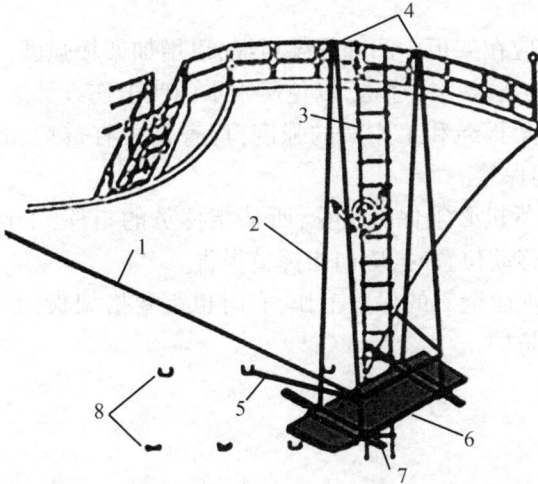

图 6-6-5　船首搭架板

1—拉拢绳；2—架板绳；3—工作软梯；4—架板活结；5—小绳；6—架板；7—撑挡；8—小铁环

2.用吊货杆和工作架的油漆方法

(1)先准备好工作架、长柄滚刷和油漆桶,升起单吊货杆。

(2)将吊货钢丝绳的吊货钩换下,使卸扣和工作架连接妥当。工作人员带着油漆桶进入工作架内。

(3)开动起货机吊起工作架,缓慢地伸出舷外,甲板上的协助人员将长柄漆刷递给工作架内的人员,再放落工作架至适当位置,待稳定后,即可进行工作。

这种方法比搭架板方便,但只适宜舷外油漆工作。敲铲除锈工作仍须搭架板。

图 6-6-6 所示为用吊货杆和工作架在舷外油漆。

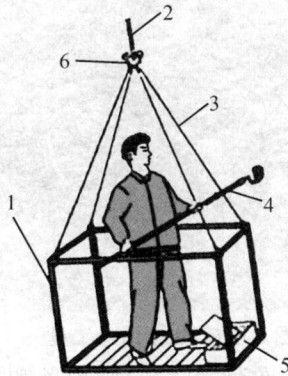

图 6-6-6　用吊货杆和工作架在舷外油漆

1—工作架；2—吊货索；3—钢丝绳；4—长柄滚刷；5—漆桶；6—卸扣

(三)工作注意事项

(1)舷外搭架板时,在甲板上应有专人负责安全工作及传送工具等,不得随意离开。

(2)舷外作业时,应事先通知有关部门,关闭舷边出水孔,禁止使用与这些出水孔相连接的浴池、厕所等,并通知机舱,确保螺旋桨不转动,锚必须制牢。

(3)在架板上的工作人员,一定要用安全带系牢保险绳。上下架板时应与同伴相互联系,协调工作。

（4）如架板过长或过重,应在架板中间加根架板绳,以增加架板强度。

（5）所有工具必须用工具袋或小桶递送,以免落入水中或击伤人员。

（6）必须严格检查架板、架板绳和工作架的强度,检查是否有霉烂、断裂、磨损等隐患,用后将其放在固定位置上,专门保管。

（7）使用工作架,开动起货机必须保持平稳,听从指挥员的指挥,工作人员在工作架内两脚要站稳,保持身体平衡,需移动位置时,应向指挥员报告。

船上上层建筑物或货舱内舱壁等的保养工作,有时也需要搭架板,方法基本相同,在架板下面的协助人员应注意安全防护。

二、高空作业

（一）船舶烟囱外壳作业

烟囱外壳作业,是对烟囱外壳进行除锈、涂刷油漆、做烟囱标记和清洁等工作。由于烟囱外壳多是椭圆形或圆形的,活动面少,缺少固定点,因此,烟囱外壳作业需搭架板,这样工作人员才能在烟囱外壳工作,如一般涂刷油漆也可使用座板进行工作。

1. 使用工具

高空作业工具如图 6-6-7 所示。

图 6-6-7　高空作业工具

（1）视烟囱的实际情况,如烟囱上面有固定环,则准备卸扣两只;没有固定环,则准备"S"形钩子。

（2）视工作情况需要,用座板或架板。

（3）辫子滑车、上高绳或架板绳(绳周和长度同舷外作业架板绳一样)。

（4）安全带和保险绳。

（5）视工作需要,如除锈,则准备敲铲工具;如涂刷油漆,则准备油漆刷、油漆桶、油漆等。

（6）准备一根绳周 25 mm 左右的白棕绳或尼龙绳,绳长约 1 倍烟囱的高度以备吊升工具等用。

2. 工作步骤

（1）工作所需的索具、座板等用具全部搬到烟囱附近，工作人员系好安全带，连接好保险绳，随身带上吊升索具的小绳一根，从烟囱的梯子爬到顶上。

（2）将身体伏在烟囱边上，松下随身带的小绳，把下面的两个木滑车、一根上高绳、两只卸扣或"S"形钩子，吊到烟囱顶上；按照工作位置，用卸扣或"S"形的钩子安装好木滑车，有固定环的用卸扣连接木滑车，没有固定环的用"S"形钩子挂在烟囱边上，木滑车挂在"S"形钩子上，将上高绳穿过木滑车，松到下面。

（3）烟囱顶上的工作人员安装好木滑车一个，将保险绳穿过木滑车，松放到适当长度，并将其系牢于身上的安全带上，下面的协助人员用上面松下来的上高绳在座板上的中间绳段处打好双编结，并留出1 m左右长度用于打松降结，下面的协助人员用另一端的上高绳用力把座板拉到烟囱顶上。

（4）上面的工作人员将身体伏在烟囱边上，在座板上的双编结上用留出的绳头打好松降结，如图6-6-8所示。

图6-6-8　烟囱外壳搭座板
1—辫子滑车；2—"S"形钩子；3—座板；4—拦腰绳；5—座板绳；6—松降结；7—上高绳

（5）烟囱顶上的工作人员，坐在座板上进行工作。

（6）工作告一段落，需往下移动时，工作人员利用松降结降放至所需工作位置为止，然后收紧松降结，重新工作；座板往下放移时，首先要放松保险绳。

（7）按照上述方法，由上而下直至烟囱下边为止，座板松到下面后，解开松降结，松掉保险绳。如需移动座板位置，工作人员则从烟囱梯子爬到顶部，移动滑车或"S"形钩子位置，重新把座板拉到烟囱顶上打好松降结，工作人员重新坐在座板上进行工作，这样循环几次，直至把全部工作做完为止。

（8）工作结束，解开松降结、双编结，拉下上高绳，盘好绳子，松掉保险绳，脱掉安全带，工作人员从烟囱梯子爬到顶部把滑车或"S"形钩子一起拆下来，打扫场地，把索具、架板、滑车等工具整理好放妥。

3. 工作注意事项

(1)认真检查索具、座板等(和舷外作业一样);

(2)上烟囱作业,一定要系安全带、保险绳;

(3)在甲板上的协助人员要戴安全帽;

(4)工作前应和机舱联系,烟囱的热度不能过高,不能拉汽笛,不能放蒸汽。

(二)船舶驾驶台外面作业

船舶驾驶台外面必须保持清洁、美观,因此要经常进行清洗油污、敲铲除锈、涂刷油漆等工作,它的工作方法和操作步骤和烟囱外壳作业相同。

(三)船舶桅上作业

船舶桅上作业,是指利用座板在桅上进行安装属具、敲铲铁锈、涂刷油漆等工作。它是船员应掌握的工作之一。桅上作业要胆大心细,要有熟练的技巧,要灵活运用、上下配合才能完成。具体操作可见视频十八。

1. 使用工具

使用工具如图6-6-7所示:

(1)上高绳一根,绳周为51~64 mm 的纤维绳,长度为桅高1倍以上;

(2)座板一块;

(3)安全带和保险绳;

(4)辫子滑车一个;

(5)视工作情况准备其他需用的工具,将其放入帆布工具袋内。

视频十八

2. 工作步骤

(1)将桅上作业所需的工具全部搬到桅下甲板上,认真检查上高绳、保险绳、辫子滑车和座板是否牢固,有无断裂磨损等现象。确保所有索具绝对安全。

(2)桅上装辫子滑车,工作人员系好安全带和保险绳,把辫子滑车的绳索打一单套结,成一个环形,便于背带上桅,将上高绳的一端穿过辫子滑车,上高绳穿过辫子滑车后,在绳头打个"8"字形结,防止上高绳从辫子滑车中滑出来。

(3)桅上工作人员背着辫子滑车和上高绳,顺着桅梯爬到桅顶上,爬桅梯时必须两手抓住梯边栏杆,两眼向上,一步一步爬上去,爬到桅顶上后,高的一只脚跨在梯档内,低的一只脚站在梯档外,这样就可腾出两手进行工作。首先系牢保险绳,然后找牢固的地方将辫子滑车的辫子绳用丁香结加半结系牢在桅顶上,如辫子滑车的辫子绳系在桅肩的栏杆上时,则必须绕过两挡栏杆后再用丁香结加半结系牢。系固辫子滑车如图6-6-9所示。

(4)桅上工作人员将辫子滑车上的上高绳松拉到下甲板上,下面协助人员将上高绳在座板上打一双编结把座板连接好,双编结的绳头必须留出1 m左右长,以便在座板上打松降结用;然后把上高绳双股用手抓住,两脚踩在座板上,把全身的重量吃力在上高绳上,用力蹬几下,试一试上高绳的安全强度是否可靠,最后把座板拉到桅顶上。

(5)桅上的工作人员将上高绳的力端和根端用左手抓紧,用右手在座板中间将上高绳的力端的绳子提起来,和左手抓紧的两根绳子并在一起,这样左手抓住的绳子变为三根。利用双编结余下的长 1 m 左右的绳子将左手抓住的三根绳子一起用丁香结捆绑牢,收紧丁香结(松降结),如图 6-6-10(1)所示。

(6)桅上工作人员坐上座板,系牢座板拦腰绳。用绳子吊上所需工具,就可进行工作。当工作告一段落需要往下松移时,再利用座板上面的松降结进行操作,缓慢移动。每一工作告一段落,再要往下松移时可照上述方法进行,直到松降到甲板上为止。工作人员松降座板时的姿势如图 6-6-10(2)所示。

(7)上桅工作完毕后,解开松降结和双编结,拉下上高绳,把上高绳盘好,然后工作人员再从桅梯爬到桅顶上,系牢保险绳,解开辫子滑车,利用辫子绳打一单套结,把辫子滑车背在身上,解掉保险绳,从桅梯上下来,最后脱掉安全带,把索具、座板等全部搬回原处存放好。

图 6-6-9　系固辫子滑车

(1)松降结放大图　　　　　(2)

图 6-6-10　工作人员松降座板时的姿势

3. 工作注意事项

(1)上桅工作前细心检查各种索具,看看其是否合格。尤其检查上桅座板绳有无磨损和腐蚀,辫子滑车的辫子绳是否牢固。

(2)桅上作业一定要系安全带,不能因怕麻烦不使用,如果工作中失手,而又没有系安全带以及系牢保险绳,那么造成事故,后果是不堪设想的。

(3)桅上作业所需工具,必须装入桶内或工具袋内,并将桶或工具袋系在座板下面,便于工作时使用,不准把工具插在腰间或装在口袋内,以防不慎失落,击伤下面人员或损坏甲板设备。

(4)桅上工作人员不准穿硬底皮鞋和过宽、过大衣服,以免妨碍工作;不准戴皮手套,不准穿高筒胶鞋,以免发生工作事故。

(5)桅下协助工作人员,必须戴安全帽,以防上面工具失落击伤头部,并不准随便离开工作岗位,集中注意力上下配合工作。

(四)支索作业

支索作业是桅上作业工作之一,现代新型船舶上已很少有支索,但在老式的船舶上仍装有支索。支索有桅上支索、烟囱支索等。支索作业,就是在支索上进行保养工作,如清刷、涂油漆等,它的基本操作方法和桅上作业是一样的。

1. 使用工具

(1)辫子滑车一个。

(2)座板一块。

(3)安全带和保险绳。

(4)卸扣一只(去掉销子)。

(5)上高绳一根(绳周和长度同桅上上高绳一样)。

(6)其他工具可视工作情况而定。如清刷,则备钢丝刷、刮刀;如涂油漆,则备油漆桶、油漆刷、抹布;如风很大时,还需备一只铅桶,把油漆放在铅桶内,以防油漆向外飞溅,落在其他建筑面上。

2. 工作步骤

(1)支索作业基本同上桅操作相似,先将辫子滑车装在桅肩上面的适当地方,然后松下上高绳,下面协助人员连接好座板(方法与上桅相同),但上高绳连接座板时,利用双编结,在绕穿第一道绳时就穿过一只没有销子的卸扣,以便钩在支索上用,如图 6-6-11 所示。将座板拉到桅肩上,把上高绳在羊角上挽牢,或在桅脚下绕在起货机滚筒上。

(2)支索上工作人员系好安全带、保险绳顺着桅梯爬上桅肩,将座板上的卸扣钩住支索坐上座板,系好座板拦腰绳,如图 6-6-12 所示,左手握住支索,右手握工具,进行工作。

图 6-6-11　座板、上高绳和卸扣的连接

1—上高绳;2—卸扣;3—座板绳

图 6-6-12　上支索操作示意图

1—支索;2—上高绳

(3)工作完成后需要往下松移的方法有两种:一种是由自己松移,方法与桅上作业相同,利用座板上面的松降结进行松移;另一种是由下面甲板上的协助人员,利用起货机上的滚筒或桅楼上的羊角,按照支索上工作人员的意图,缓慢地松降至所需工作位置后挽牢。甲板上协助人员按照松移座板的方法直至工作完毕,最后松移到甲板上,工作人员松下卸扣,解开座板,跳下座板。

(4)解开上高绳连接座板上的双编结,拉下桅上的上高绳,把上高绳盘好,工作人员仍顺着桅梯爬至桅肩上,系牢保险绳,将辫子滑车解下。利用辫子绳打一单套结背在背上,从桅梯上下来。下桅梯时两手抓住左右两边梯柱,身体向后,眼睛看下面,一步一步地往下爬,直至回到甲板上。整理好工具、解开安全带,把工具全部搬回原处放好。船舶上的上高绳和架板绳是专用索具,一般不作他用,所以工作使用完毕后要妥善保存。

3. 工作注意事项

(1)使用索具强度要可靠。

(2)支索上工作时两手切勿放在卸扣下面,以免松移时压伤手指。

(3)涂油漆时,油漆不能蘸得太多,应先在漆桶边上刮一下后取出,以免油漆飞溅在其他建筑面上。

(4)可将保险绳绕过支索扣牢在安全带上,以防卸扣钩子滑脱伤害工作人员。

三、船体保养工作中的安全守则

船体保养工作中,因忽视安全检查和违反安全操作规程,经常发生工伤事故。船员必须重视生产安全,遵守如下安全规则:

(1)当船员进行保养工作时,有关领导应当采取安全措施,创造安全操作条件,采取防止工伤事故的有效办法,并经常对船员进行安全教育。

(2)负责船体保养工作的船员应检查工作场地的周围环境及使用的工具是否安全可靠。

(3)工作人员如发现有威胁安全的情况,应立即停止工作,请示领导。未经相关领导同意,不能随意改变设备和防护装置。

(4)在工作进行时或工作完成以后,应将所有洞孔和舱口,用牢固的格子板或舱盖严密盖上,防止人员不慎跌入,发生工伤事故。

(5)在进入双层底压水舱、油舱等地工作以前,领导应预先检查这些舱室内是否含有毒气体,油舱有无爆炸气体,必要时须进行通风。在这些舱内清除铁锈时,必须进行机械通风,以便清除空气中的灰尘。工作人员还须佩戴防护眼镜和口罩。

(6)在使用易燃涂料进行作业时,必须严格遵守操作规程和防火规章。

汽油、苯等挥发性气体触火即燃,这些气体如与空气混合达到一定比例时,即产生爆炸性混合气体,应提高警惕。

在使用含有毒性的涂料如红丹、沥青漆等时应注意安全,注意通风,防止中毒,严格使用劳动保护工具。

(7)在使用电气工具、灯具时,须保持绝缘良好,防止漏电。

(8)当进行舷外和高空作业时,应严格遵守安全技术规程。

(9)当进行清除铁锈和旧漆面时,要戴上防护眼镜和口罩。

(10)油漆干燥过程中会消耗 O_2 放出 CO_2,在面积较大的舱室内,在油漆未完全干燥之前,应禁止人员在舱内长时间驻留。

(11)在船首部位进行舷外作业时,必须保证锚已制牢,以免发生意外。

(12)停泊时利用小艇或救生筏进行船壳的油漆工作,必须使艇筏稳固,并准备好救生圈,穿好救生衣。当在船尾部分工作时,须通知机舱,禁止动车。

参考文献

［1］王瑞菊，武振东，于俊鹏，等. 水手应知应会问答. 北京：人民交通出版社，1985.

［2］于俊鹏，陈水生，杨志龙. 船艺训练. 北京：人民交通出版社，1992.

［3］尤庆华. 水手工艺. 北京：人民交通出版社，2003.

［4］交通运输部. 海船船员培训大纲：2021 版. 北京：人民交通出版社，2021.